U0331074

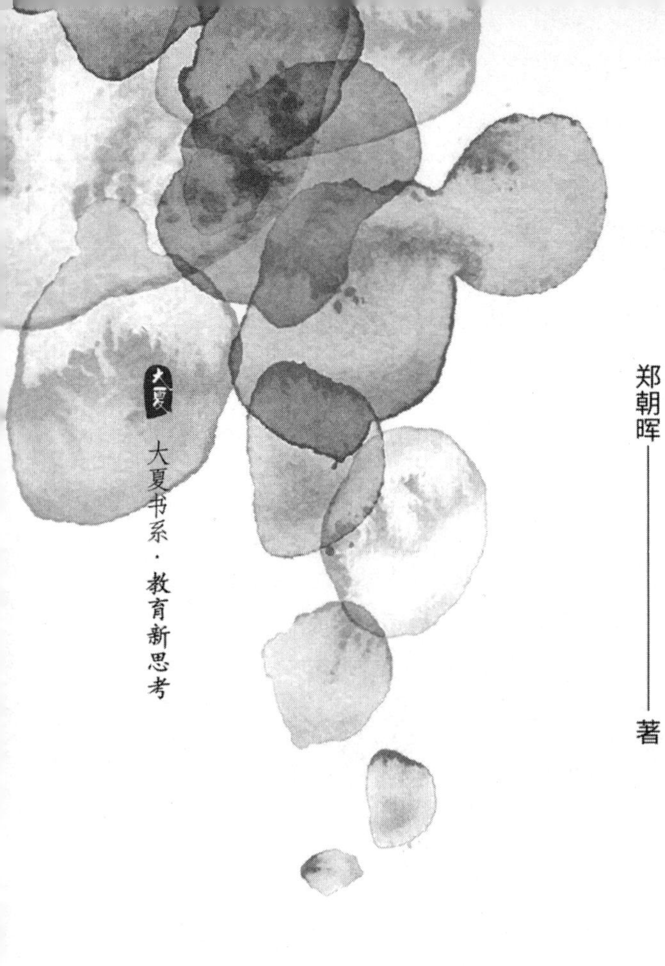

大夏书系·教育新思考

好教育改变人的气质

郑朝晖 著

华东师范大学出版社
ECNUP
全国百佳图书出版单位

图书在版编目（CIP）数据

好教育改变人的气质 / 郑朝晖著 . —上海：华东师范大学出版社，2018
ISBN 978-7-5675-7480-9

Ⅰ . ①好 ... Ⅱ . ①郑 ... Ⅲ . ①中学语文课—教学研究 Ⅳ . ① G633.302

中国版本图书馆 CIP 数据核字（2018）第 029972 号

大夏书系 · 教育新思考

好教育改变人的气质

著　　者　郑朝晖
策划编辑　程晓云
审读编辑　任媛媛
封面设计　奇文云海 · 设计顾问

出版发行　华东师范大学出版社
社　　址　上海市中山北路 3663 号　邮编　200062
网　　址　www.ecnupress.com.cn
电　　话　021－60821666　行政传真　021－62572105
客服电话　021－62865537
邮购电话　021－62869887　地址　上海市中山北路 3663 号华东师范大学校内先锋路口
网　　店　http：//hdsdcbs.tmall.com

印 刷 者　北京季蜂印刷有限公司
开　　本　700 × 1000　16 开
插　　页　1
印　　张　15
字　　数　220 千字
版　　次　2018 年 7 月第一版
印　　次　2021 年 4 月第二次
印　　数　6 101-8 100
书　　号　ISBN 978－7－5675－7480－9 / G · 10947
定　　价　42.00 元

出 版 人　王　焰

序　言

承蒙大夏书系各位老师的错爱，我在我的微信公众号“一个教师的行走空间”里的文章，终于要结集出版了。照例应该在书的前面写上两句。翻检旧文，觉得当时和编辑老师的来往书信里，有一通还是比较全面地表达了自己的想法的，就将这作为本书的一个序言吧。

某启：

承兄过誉，心中有愧。关于“一个教师的行走空间”，有媒体采访我，我也趁此机会谈了一点自己的看法。整理一下，写给你。

首先是关于标题。“空间”，既是指网络空间——我这个小小的微信公众号，又是指自己的日常生活。很希望借助这样一个网络空间，留下自己日常生活中的所思所想。至于说为什么叫“行走空间”，是因为空间虽然是一个与时间并列的概念，但是如果加入了时间的向量，就会变得异常丰富。行走，既是一个关于空间的概念，又是一个关于时间的概念。人在行走中改变着自己，无论是生理还是精神上，而这种改变实际上又赋予了自己所生活的世界独特的色彩。

不过，这样的一个空间，既是随着时间不断变化的，同时又具有“嵌套”结构，很像“俄罗斯套娃”。这样的嵌套结构，大概有四层。

从文字影响的大小看，其中最核心的一层也就是第一层是作为一名语文老师的。什么是语文，如何教语文，问题的答案是我安身立命的基础，而自己侥幸有了一点小成绩，也受到不少青年朋友的喜爱，自然就希望将自己对于语文、对于语文教学的一点思考记录下来，传播出去。在我看来，无论做什么事情，我们都应该基于常识最后又回归常识，不要山头，不要唬人，才能够做一名踏实从容的语文老师。所以，我的很多与语文有关的文章是从语言文字入手的，目的无非要引起同行对于语文教学中最基本的对象本身的高度关注。从基础的层面讲，智慧地运用语言文字的能力是未来社会最基本的生存能力。中国的语言文字非常动人、非常有趣，只有全身心地爱它、体会它，才会有语文教学的存在感与尊严感。

我的大量的说诗说文的文章，实际上就是这样一种理念的具体实践。我没有什么理论上的高头讲章，只是想这样一篇一篇认真地读去，或许可以给热爱语文教学的青年老师或者爱语文的学生一点启示与帮助，所以我选的诗文，不少是最寻常甚至是课本上的。在这个过程中，我主张“素人”的观点。作为一个普通的读者，我们其实既没有必要的美学知识，又没有必要的文学史知识，但是这并不妨碍也不应该妨碍我们去读诗、读文，而且更多的人就是这样赤手空拳地与这些诗文相遇的。如果在这种情形下还能够读出诗文的美妙来，我们的阅读才是“可持续”的，阅读才能够逐渐成为我们的习惯。一上来就被高头讲章吓坏了，普通的读者只会望而却步，不与闻焉。所以，希望通过我的解读的尝试打消大家惧怕阅读的心态，能够毫无包袱地去读它们，大概也算是我内心的一点奢念吧。

第二个层面是作为一名教育工作者的。教育大概是目前的一个“全民话题”，“一犬吠形，百犬吠声”的情形很普遍。但是这样的“大合奏”里，我们很少能够听到真正对教育有思考的理性的声音。喧嚣与浮躁，既是当今公众文化的表征，在某种程度上也是教育界的特质。我对于教育的思考，其实也只有一个主题，那就是希望教育回到“理性”和“常识”的层面上，进行冷静从容的思考。我曾经写了一篇文章《岁尾年头的教育期盼》，大概表达了我对当今教育的思考。有时候，常识往往是“卑之无甚高论”的，也不必言必称西哲的，教育在人类文明发展过程中的作用和意义应该是大家都明白的，但是一到搞教育、办学校、进课堂，大家又都茫然不知所措了。这些文章都是有针对性的，有些从事教育工作的人看了未必会很舒服，但是我认为自己还是秉持了正心的。这一部分的文章有的是应《上海教育》之约写的专栏文章，有的则是学校各种场合的发言讲话的整理。无非希望我们的教育能够更从容、更淡定一些，我们能够真的知道教育所应该完成的工作。

第三个层面是希望能够展现作为知识分子在社会公共事务中所应该展现的理性精神。网络时代是一个众声喧哗的时代，是一个比嗓门的时代，也是一个言语观点背后充满“阳谋”“阴谋”的时代。以前某学界明星谈《论语》、说孔子，一时洛阳纸贵，我遇到几位硕士大儒，对此很是不屑，甚至言辞激烈。但是，这些学者都不屑于到公共媒体用适合公共媒体传播的方式讲孔子、讲《论语》，所以直到现在，依然只停留在愤愤不平、捶胸顿足的层面上。这给我的教训是，即使众声喧哗，我们也应该积极发出自己的声音，让“一边倒”的所谓“舆论”里夹杂着些不一样的声音。这或许多少能够在很多昏热的头脑上滴几滴清凉水，也或许能让那些清醒的少数派知道自己还有同道，从而更有勇气发出自己的声音。不过，这些文字并不多。

第四个层面自然是作为“人”的层面，我有自己的喜怒哀乐、情感纠葛，也有游山历水、观画赏景的丰富生活。一方面，希望通过文字记录全方位的自己，让我的大小朋友知道，本人并不一定是要端定架子，循循善诱，作好为人师状的；另一方面，希望通过这样的呈现，让大家知道，要想好好做老师，自己的精神世界必须首先丰盈起来（还是“好为人师”了）。当然，这些文字的背后，其实是有着自己的思虑和叹惋的，所谓“念我独兮，忧心京京”。我之所以将公众号命名为“一个教师的行走空间”，与其中不少因为游山历水而产生的感慨不无关系。

总括起来，一方面是纵向的变化，呈现自己的心路历程，记录自己精神嬗变和逐渐丰富的过程；另一方面是呈现个人之于知识分子、之于教育工作者、之于语文老师的情感、思想、认识和看法。我很认真地经营这个空间，并不是为了别人，而是为了自己。这个空间也可作为自己的“精神日记”吧。

拉拉杂杂写了这些，不知是不是对你会有帮助。

顺颂春祺！

朝晖拜上

编订成册的时候，游记和艺术随感没有编订进去，一方面是因为太过私人，另一方面也是体例、内容上有不协调的地方。直接抄录这封信，是想说明我写的文字之间内在有着相互的关联，写在开头，也算是作一个全面的交代吧。最后还是要感谢所有爱我、支持我的亲人和朋友，也要感谢大夏书系的各位老师。你们是我不断向前的动力。

目　录

第一辑
语用其妙：底色里的生命韵味

第二辑

诗意斯美：解诗莫负深致

第三辑
教育之责：为青春鼓掌，为歌声驻足

第四辑

教师所任：让花朵传递风的姿态

第五辑

社会之思：谁也无权折断向上的翅膀

第一辑

语用其妙：底色里的生命韵味

01 关于我的文风

谈一个比较学术的问题。

有些小朋友老问我："你写的文章为什么总是显得有一种鲁迅笔下的梅干菜的味道？"

其实这是个误解，我不是想学鲁迅的笔法，而是在思考一种更具中国语言味道的表达方式。我在给学生讲郑板桥的题画文字时，读到"然有成竹无成竹，其实只是一个道理"，大家的眼睛都瞪圆了。许多学生发出质疑："这是文言文吗？"——这就是一个问题。很多人以为文言是一种死了的语言，几千年不变；但是实际上，如果从《尚书》到近代的文牍，语言的嬗变是显而易见的，更何况《尚书》其实还不是最古老的文字。至于《朱子语类》以及佛教公案、话本曲艺的语言，如果让小朋友看了就更加要弹眼落睛了。总之，语言是流动的、渐变的。汉民族的语言，借了堪舆的术语说，就是中国文化的"脉"。这个"脉络"不应该断掉，这是我的一个基本想法。但是事实上，这样的语言已经被摧残到无法直视的地步了，我们身边那些声嘶力竭的表达，比如"这是一次团结的……、胜利的……、鼓舞人心的……、跨世纪的……"，"团结一心，再接再厉，再创辉煌，不断……，为建设……而努力奋斗"之类的语言，已经成为大家无视语言存在的最好理由。想想也是，这些话说了跟没说有什么两样呢？我自己是教语文的，痛感于斯，身体力行是必需的。所以，在写文章的时候，我就自觉不自觉地将文言的一些表达方式结合进去，便成了现在这样的腔调。

当然，更重要的是这样的表达语气平缓，节奏慢，容易营造从容淡定、悠远深沉的气氛。这对于我来说，是“虽不能至，心向往之”的心灵境界，所以心追手摹，无非寄托一个自己未能实现的梦想而已。

我不反对口语白话，我的一个好朋友就是新诗创作中“口语派”的代表人物，他反对我写作中的慢条斯理，觉得我说话弯弯绕绕，不如口语痛快爽利。有时候我也觉得是这样的，比如生气的时候，最多阴阳怪气地说两句，在普遍没有文化的时代，是绝对没有战斗力的；表达一些拳拳到肉的生活感受时，所有悠远静穆都会显得虚头巴脑。

然而，我还是觉得总是要有所坚持，才能够让大家知道语言表现的多样性。其实，我那个“口语派”的朋友不也是在坚持吗？

“五四”以后，许多作家的语言就是如此，只是后来不知道什么缘故，我们的表达就变得粗粝不堪了，我的努力不过是重拾余绪而已。有人说，喜欢看我国台湾一些作家的文字，觉得比较有文气，实际上就是文言的这条脉络在那里多少还有些“草蛇灰线”。真的不希望文质彬彬的语言风格就此绝迹，这就是我坚持这样做的基本想法。

再说，我本人祖籍也是绍兴，梅干菜实在是家家必备的佐饭菜。

02 如何做个好读者？

不少青年教师要我给他们推荐一些书来读。想来想去，我推荐孙绍振的《名作细读》。

这既是一本在文本解读方面作出示范的书，又是一本读来不至于毫无收获的书。以前我推荐过北岛的《时间的玫瑰》。这本书不仅语言动人，而且在文本解读上，尤其是诗歌文本解读上可以给人启迪。不过，这些启迪必须到书的字里行间去找，并不容易。孙绍振的这本书，就是针对中学教师的，而且很多文章就是中学教材上的，比较容易读进去。

为什么强调要读一点文本解读方面的书呢？因为文本解读是语文教师的当行本色，是语文教师的"底子"。更为重要的是，能读书的人，往往比较容易理解生活，善于沟通，不会太死脑筋，而且能够将自己的生活过得更有意思。这是做语文教师的最大福利（在没有涨工资的前提下，与其他学科教师相比）。我遇到过不少很有灵气但是不会读书的语文教师，他们一味琢磨教法，一味揣摩门派路数，到头来却往往泯然众人，甚至自己的生活也过得寒碜粗糙。所以，即便未必人人都可以成为名师，但是能够享受阅读给予生活的快乐，也是一件很合算的事情。

一位教师参加职称面试时，有专家问：教师作为特殊的读者，有什么特点？这个问题有点儿意思。教师作为读者，和一般读者当然是不一样的。这是因为教师的职业不仅要求他们会读书，还要从专业的角度去读书。什么是专业的角度？了解文本的课程价值，了解文本与学生间的距离，一句话就是，为了教而读。但是，我们不能够将作为一般读者的教师和作为特殊读者的教师截然分开。我的观点是，首先做好一个理想的一般读者，然后再做一个“特殊读者”。现在，不少教师急着做“特殊读者”，但是没有被文本打动，没有心得，结果就只剩下“匠气”，匠气当若不足，就只会徒增乖戾气了。所以，我建议大家还是先做好一个理想的“一般读者”。

读书的时候，我们应该知道一个道理，那就是“文无高低”。“日之夕矣，羊牛下来”，算是浅俗之语了，但对于一个思念远方的女人来说，“矣”字里面所蕴含的内容又有多少。我读“春眠不觉晓，处处闻啼鸟。夜来风雨声，花落知多少”，心里总是有一种怅然。记得年轻时，有一次哄儿子睡觉，我讲起了长辈哄儿时的我时讲的一个无厘头的故事：“从前有座山，山里有个庙，庙里有个老和尚和小和尚，小和尚要老和尚讲故事，老和尚讲：‘从前有座山，山里有个庙……’”忽然觉得这样的故事有很深的禅理，实在是我们循环不息的平淡生活的写照，想着我不禁黯然；现在通达得多了，也无风雨也无晴，人生其实就是如此，也就再不会为此神伤了。所以，读书的这个道理，应该这样说：文无高低，心有浅深。

虽说文无高低，但我还是觉得读让自己觉得有点累的书才是最好的。高头讲章，大家望之却步，味同嚼蜡自然不好，但是只为印证自己的心绪、只为在人前装腔作势，实在也没有必要。装腔作势就不说了，大家游历甚广，只要去那几个特别装的地方转一圈就可以知道是什么情形。只说印证心绪，自己失恋了，就去找那些伤情的文字看，越看越是自己，自怨自艾，不能自拔；忽然觉得人生遇到障碍了，就去看禅宗的书，或者心灵鸡汤，云里雾里，最终没有找到踏踏实实的自己，生活也变得矫情。所谓有点累的书，就是看上去似乎明白，但是转念一想又不太明白的书，是让你手上搁下心里却放不下的书。读这样的书，效果最好。比如，当年我看钱穆先生的《中国历代政治得失》，觉得很有意思，但是一读进去，又好像有很多疑惑，无法释然。因为放不下就一直想着，一个很偶然的机会，听一位钱穆先生的高足随口说了一句：“中国政治不就是王权和相权之争吗？”如醍醐灌顶，一下子冰融雪化，畅快读之一过，收获颇多。当然，自己想得明白的书，就不要再读了，人生苦短，做个书中的蠹虫实在意义不大。比如，我自己写过关于书法的书，所以现在大部分书法方面的书我不读了。金克木说书应该越读越少，诚哉斯言。

读书不要着急，我总觉得读书和恋爱很像，特别讲究缘分。缘分不到，就算占为己有，到最后还是替他人做了嫁衣。很多人读书喜欢跟风，别人读什么，自己赶快去读，为的是人前人后可以显摆一下。在读书实在不能算是值得显摆的事情的时代，这样的想法还是“闲一闲”吧。明明知道是一本好书，却读不进去，也不必着急，这是缘分没到。沃尔夫冈·伊瑟尔的《阅读行为》，是我大学时代买的，读过实在是读不明白，一放就是 20 多年。后来因为一个机缘，捧起来读，一读就放不下了，也没有什么障碍，反而有了很多收获，这就是机缘。当然，发现自己将原本读不明白的书读明白了，还是感到自己的学问在长进，心里还是有些窃喜的。另外，勤奋的人会有读书计划，这很好，但是我没有什么计划，只是平时会想些问题，想不明白，就去找些书来翻翻。不过我也有一个好的习惯，那就是总是习惯于找“联系”，这本书和那本书，这个观点和那个观点，这个人的说法和那个人的说法之类，这大概就是“建构”的过程吧，它很实用。

我读的书还有《第三帝国的语言》，是德国犹太裔语言学家维克多·克莱普勒的作品。作为语文工作者，我觉得大家都应该读一读。

至于怎样做一个“特殊读者”，容以后再讲吧。

03 解"瓯"

解释词语最忌讳的就是自说自话，而自说自话的代表人物就是王安石。

王安石作《字说》，多穿凿附会之说，比如"豺亦兽也，乃能获兽，能胜其类，又知以时祭，可谓'才'矣。獭非能胜其类也，然亦知根本反始，非无赖者"，所以传说苏东坡听说王安石解释"波为水之皮"，就打趣说，"滑乃水之骨"。这就是不懂得汉字源流乱说一气的结果。

看我国台湾廖文豪先生的《汉字树》时，我发现他也有自己的"独创之妙"。比如"瓯"字，他的联想很丰富，说左边是女人的两个大乳房，右边是表示婴儿的"巳"，就是喂奶的意思，引申为"养育"。

这其中最可疑的就是关于瓯为"大乳房"的解释了。廖先生的想象力很丰富，但是缺少训诂学的素养。这个瓯字的本字就是"颐"。左边部分是形也是声，说的就是我们的腮帮子、牙床骨，图形表示的不是乳房，而是我们的大牙（臼齿）；而"页"则表明这个字与人的面部有关。段玉裁注《说文》说：颐，是车辅（就是牙床骨）之名也，因辅嚼物以养人，故谓之颐。《左传》中有"辅车相依，唇亡齿寒"的句子。

再来说说这个"瓯"字，这个字的本义是宽宽的下巴，是"广"（扩大）的意思，是一个形声字，左边的"臣"是形旁，而"巳"是表音的声旁。至于"熙熙攘攘"的"熙"字，则是光照的意思，四点底，就是"火"，它是一个上声下形的字。当然，这个声旁同时也表示一定的意思。《史记·吴太伯世家》云："歌《大雅》。曰：'广哉'熙熙乎。"就是一个很好的证明。

所以，“䣾”并不像廖先生所说的那样，是以乳汁哺育小孩，更没有围在篝火边哺育小孩的感人画面。这或许有点煞风景，但事实就是这样。大家热衷于解释汉字，但有些基本的规矩还是要有的，《说文》还是要看的，否则就会像王安石那样，徒留笑柄于世间。

04 听话识人情

——语词解读举隅

解读文字，或者说品味文字，实际上是一个“化开”的过程。当时，说话的人（作者）是将彼时彼地那万千心绪伴着他的学养、性心、世事、人情搓揉成文字的“茶叶”，而听话的人（读者）则是在此时此地以自己的学养、性心将其泡发。让茶叶中的滋味或芬芳或苦涩，层层叠叠袅袅化开于齿颊之间。因此，读者那些与文字相关联的学养、性心、世事、人情就是品读文字所必需的条件了。

我们说人“谈吐文雅”，实际上就是言说者在表达意思的时候选词造句从容雅正，这是长期优良的教育环境造成的，是刻意为之而不得的。相反，如果一个人的素养不高，即便是恶补了许多唐诗宋词、轶闻典故，一张口还是鄙俗不堪，原因是食“文”不化，没有“化”开。这样说来，文化文化，关键是在这个“化”字上。

我们有时候说“人生识字糊涂始”，这实在是识字而不化的结果。

一

我在一个地方偶然听到旁边的一个人打电话时用了“乱世之秋”这个词，他能够自然而然地说出这样的一个词语，说明他的“心理词典”里收录了这个词语——这是一个不伦不类的词语，打电话的人一定是将“乱世”和“多事之秋”混为一谈了。不过，这样的讹误也很有意思。他之所以选择四字句，是语气的必然，因为他的原话是：“哎呀，现在真是乱世之秋。”看来，语气与节奏对说话人选择词语有着客观的制约作用，这不知道算不算是一个发现。而他之所以会用错，根本的问题是他对于讹变的原型“多事之秋”的词义并没有清晰地了解，这才造成语义杂糅的错误。——这是不认真读书的过错。

不过，看见一个字，即便知道了它的字音字义，其实还不能够算是识字了，还有更多的东西值得推敲。

二

有一次，我在餐馆里遇到一件有意思的事情，分析给大家听听。

餐馆里的一个男侍应生对一个女侍应生说：“你适合结婚了。”女孩子立马回他说：“你会说话吗？应该说‘你该结婚了’……”男孩子回答说：“我要是说‘该结婚了’，不就是说你老了吗？”

这个男孩子很不简单，他把“适合”和“该”背后的意思分得清清楚楚。

先说“该”字。当我们用“该”的时候，实际上有着轻微的责备的意思。不妨看看《红楼梦》里的例子：

王夫人道：“有没有，什么要紧。”因又说道：“该随手拿出两个来给你这妹妹去裁衣裳的，等晚上想着叫人再去拿罢，可别忘了。”熙凤道：“这倒是我先料着了，知道妹妹不过这两日到的，我已预备下了，等太太回去过了目好送来。”王夫人一笑，点头不语。

在这个例子里，王夫人与王熙凤之间的一来一往就颇有意味，一个用了“该”，一个用了“倒是”。所以，最后讲“一笑”“点头不语”就很有味道了。

所以，“该结婚了”，其中隐含的意思是“怎么还没有结婚”（要不是说对方美人迟暮，就是警告对方再不结婚就晚了）。这不是男孩子要表达的意思，他心里清清楚楚。

而男孩说“你适合结婚了”，其实很有意思。虽然听上去有点别扭，但是却准确地表达了他的心思。允许我掉一下书袋子。《诗经》里就有“之子于归，宜其室家”，这个“宜”就是“适合”的意思。男孩决计不会读过《诗经》，但是面对一个成熟可人的女孩，这样的感慨大概即便相隔一千年还是一样的吧。所以，这句话既有对客观事实的描述，又曲折地表达出说话者的情态。

至于那个女孩的应答，是有所领悟而故意打岔，还是天然呆萌，就不得而知了。而那个男孩则用自己的回答，掩饰了自己的想法，也讨好了对方。这一问一答间真是生动极了。较之有些强聒不舍的连续剧，不知道有趣多少。

这就是语词使用上的“化”境。如果我们有了这样的劲道去分析文本，是不是能够让阅读有别样的兴味呢？当然，前提是我们要有热情去探索与思考。

写到这儿，忽听得门响，儿子从图书馆回来了。

母亲问：你去了几个小时啊？

儿子答：不是几个小时，是一个下午。

这母子俩的一问一答也很逗。

三

一天，我在杭州杭帮菜博物馆（其实不过是一个噱头而已，也就是一个饭庄）看见一道菜叫作“暴腌鲫鱼”，儿子觉得“暴腌”二字实在是有趣得紧。我连忙解释说，“暴腌”就是“腌制了没多久”的意思，是江南方言。仔细一想，这里面还有一个古代音韵方面的问题。

按照文言的表述，所谓“暴腌”实际上应该是“甫腌”。“甫”，《玉篇》曰：“始也”，也就是“刚刚”“才”的意思。我们说“大病甫愈”，就是用的这个意思。有人会说，你也真能扯，“暴”和“甫”不知道差多少，这也太牵强了——且慢，我还要说，我们现在说的“暴”，其实就是古代的

“甫”。在古代，“甫”就应该念“暴”。

这个道理，清代的钱大昕说得很明白，那就是“古无轻唇音”。什么是“轻唇音”呢？古人研究读音也是蛮拼的。宋代无名氏（这些人都是神一级的人物）提出“三十六字母”的说法，将汉字拼音的声母归纳为36个，它们是：见溪群疑，端透定泥，知徹澄娘，帮滂并明，非敷奉微，精清从心邪，照穿床审禅，影晓匣喻，来日。其中，“帮滂并明”是重唇音（自己读读看，嘴唇是不是特费力？），“非敷奉微”则是轻唇音（发音时，嘴唇是不是不需用力？），而钱大昕经过研究认为，上古的时候是没有轻唇音的。

这样的情况在南方方言里，得到了很好的印证。比如，戴望舒的《雨巷》里有一句“我希望逢着一个丁香一样的结着愁怨的姑娘”。如果要用南方方言来说，“逢着”就应该说成是“碰着”。其实，“逢”在上古的时候应该是读成“碰”的，南方方言可以看作上古语言的“活化石”。

这就可以发现，很多我们觉得莫名其妙的名词，实际上就有了很好的解释。比如，大家一定听说过“抱窝鸡”的说法，实际上“抱窝”就是“孵小鸡”的意思。为什么呢？大家不妨自己好好读读“抱”和“孵”，就明白了。

以前读古书，见到一个神人叫“伏羲”，又看另一本书上有个神人叫“庖曦”，干的活差不多，就是名字有点不一样，现在想想，他们是不是原本就是一个人。还有一个词语是“封疆大吏”，有人给我的解释是“封锁边疆的大官”，我觉得很奇怪，难道他就是去“封锁边疆”的吗？现在，我们知道了“封”其实就是“邦”，是指管理边疆的大官。

《山海经》里有“封豨长蛇”，“封豨”就是“胖（音‘盘’）猪”也。

这样一想，杭帮菜还能吃出音韵学来了。

05 来一场与阅读邂逅的青春

一

大概是老师的缘故，经常会有学生跑到我的面前，郑重地要求我给他们推荐要读的书。这件事情让我很踌躇，小朋友爱读书是需要大加鼓励的，但是我一直以为读书仿佛恋爱，那个可以让你动情的人，一定是千万人中的一眼情缘，未必能够有个过来人郑重其事地指定你去和某人谈恋爱。更何况，我之所爱或许正是彼之所恶，也未可知。所以，大凡有人要我推荐书或者开书单，我一般是婉言谢绝的。除了上述原因外，另一个原因则是觉得自己读书少，又没有专攻，胡乱开书单，贻笑大方还在其次，误人子弟就罪莫大焉了。

2016年年初，周毅老师和何璟老师找到我，希望我为年轻人编一本《文汇·笔会》的“青春读本”。我虽有我的踌躇，但对于《笔会》还是信任的。这些文章底子好、味道正，从这里面选，是孙悟空金箍棒画好的圈圈，就算翻云覆雨也不会有什么差池，应该是对得起年轻人的。踌躇的一方面，则是自己的眼光，担心会不会有遗珠之恨。文章总之是好的，选谁的也不会对不起年轻人；但是如果把好文章选漏了，则一定会对不起文章的作者。不过，有一个气味纯正的选本，对于年轻人来说，总归还是很好的。

于是开始选文章，我选的范围是从2005年至今在《笔会》上刊登的文章。因为要顾及年轻人的阅读兴趣和阅读背景，所以选文时要在文章内容和叙述风格方面有一定的考虑。比如过于引经据典、言必有据的文字，比如牵涉的人事对年轻人来说过于辽远而无所感觉的，甚至文字过于雅驯而让少年莫知所以的，我只好忍痛割爱了。但是不管怎样，我心中还是有自己的标准和目标的，认真计较起来，大致有四。

一是人文的导引。在这个纷杂的世界里，我们甚至是在主动地迷失自己，不思不想，不怨不嗔，并不是因为“不动心”，而是身似浮萍，在世俗生活的波光里漂移，如果按照司马迁的说法，就是“从俗浮沉，与时俯仰”。所以，要让大家知道，对于一件寻常事，应该怎么看，可以怎么看。比如王周生的文章，我选了两篇《更有尊严的病名》和《谢谢你让我帮助你》，它们都很好，但是小何建议我每个作者只选一篇。我踌躇再三，还是选择了《更有尊严的病名》。原因是我们常常忽略一种疾病应该叫什么名字，而知道叫什么名字，才能够表现出对患者生命的尊重，把它提出来，能让我们更多地关注生活中习以为常的人和事。

二是想让今天的年轻人知道一点应该有的丰盈雅致的生活。生活的精致、优雅，不是用金钱就可以做到的，它体现出的往往是一个民族、一群人全部的精神追求，在陋巷一箪食一豆羹，也未必不能将一个人的优雅展现出来，全看这个人的生命观念里美与尊严所占的比重。顾随先生有时候说话刻薄，但却鞭辟入里：“现在人不会享福，享福是受用，现在只知炫耀，不知享福，现在人最自私，可又不会自私。”替换为“优雅的生活”，似乎照样也说得通。所以，我想让更多有素养的学人走进年轻人的生活，让年轻人逐渐远离粗鄙、颟顸，懂得谦卑与优雅。

三是有更宽的视野和更丰富的生活体验。约翰·多恩有诗云：“没有人是一座岛屿，自成一体。”今天的世界是日益紧密联系在一起的，他人的痛苦或者欢乐与我们每个人都密切相关。互联网的世界，因为太容易发表自己的声音，我们反而没有耐心去认真倾听别人的声音。所以，我希望别样的生活、别样的人生、别样的声音，可以因为这些文字而进入我们的视界听域——倾听他人，其实就是认识自己。

四是艺术。艺术不是一种手艺，而是一种态度，所以《笔会》有很多大家谈艺术的文字。“大家”与“专家”的不同，是在“气格”上。谈艺术，最重要的是“通”。人生与艺术，互为喻体，我们说“人生大舞台，舞台小人生”，就是这种打通的智慧。谈艺术的目的，不在于学究的考量，而是人生的体悟，所以选了不少关于艺术的文字，落脚点只在于激发大家对生活本身的思考而已。

二

说到《笔会》的文字，我的感觉就是“中年人气质”。70年纪念的时候，周毅老师希望我说一说“笔会”，我的文章题目就是《中年的光芒》。全文抄录如下，也算是对大家读《笔会》中的文字的一种导引吧。

对一个人的认识，往往并不以其客观的年岁来作依据的，少时可以老成，暮年不妨天真。其实，非但人生如此，事物也是如此。迪士尼已经百年，但是给人的感觉却总是天真快乐，足以成为苦闷人生的绮丽装点。所以，心理年龄其实是和人事物所体现的文化气质相关联的。因此，如果让我来评点70岁的《笔会》，我总觉得应该是一个沉静的中年人。

对于一个中年人来说，他已经经过了青春期的迷茫与慌张，有了对于人生清醒的理解与认识，所以不管世间风云变幻，他总是可以沉静地去应对。坚守对真理的执着，对每一个生命的尊重，对自然天地的敬畏，这大概就是《笔会》气质的体现。有人会说《笔会》有着浓厚的文人气质，我想这种气质既应该是中国文化所谓的“士林正气”，也应该是西方文化所谓的社会的良知与脊梁。正是这样的气质，使得《笔会》在70年的发展中有着一种知性的坚毅、宽厚与温暖。而这恰恰是这个浮躁的社会所最欠缺的。

人到中年，因为有了生命丰厚的记忆，是不免有回望的感伤的。所以，《笔会》常常有所追忆，一段令人唏嘘的故事，一个魂归道山的故友，或者是每个人在黄昏的夕阳里忽然想起的曾经，它们所牵扯的是每个人内心深处的寂寞和感伤，所触发的是每个人内心深处关于生命和文化的计较与思量。想起某些人、某些事，想起自己已经回不去的往昔……中年的魅力就在于骨子里的那点苍凉和寂寞，属于每一个叙述者，也属于每一个认真的阅读者。

人到中年，其实还很年轻，对于生活有着强烈兴趣，人事风云、花鸟虫鱼、逸闻趣事、家长里短俱来笔底，但不猎奇媚俗、不曲学阿世，更不“矮子看戏”（所谓“矮子看戏何曾见，都是随人说短长”），而是以知识分子的眼光去关怀、去思考、去批判。其涉也广，其守也坚，在风云变幻的时光里，持中守正而不逾，这才是最难能可贵的。

《笔会》创刊于1946年，70年很长，它的气质就是在这样长的岁月里渐渐形成的，可以说是岁月的赠与吧——其实与其说是赠与，不如说是磨砺。总之，《笔会》闪耀的中年的光芒，是很能够打动人心的。虽然这其中也有它的寂寞，但是这份寂寞或许更增添了《笔会》的气质。

这样的气质，从我一个语文教师的角度看，则还有另外一层意思。我们常常责备少年的“少不更事”，却又没有法子让他们知道“更事”应该是怎样的一种情形。而《笔会》这样一种气质，则正好可以成为他们“更事”的楷模，借着对于《笔会》种种妙文的阅读，让自己的心智渐渐走向成熟，学会思考，变得充盈。说是“楷模”，倒不能算是阿谀，现在不管是中考还是高考，都喜欢拿了《笔会》的文章来出考题，也算是从一个世俗的角度证明我之所言不虚。

……

这里面还有言不及义的地方。说是中年人，不过是一个“便宜法门”而已，其实所说的应该是一种沉静的气度。从容气度其实是最不易得到的，知人、知己、知天命，才能够有这样的气度与境界。其中，最重要的就是生活的态度。一个人或自卑，或自傲，抑或是从容淡定，关键还是取决于他的生命信念。其中，最不堪的大概是没有自信而一味地信“他”，而这个“他”可以是金钱、地位、影响力等，因为不是由自己决定的，所以是一种“他信力”；但是这些非通过比较不可得，总有“山外青山楼外楼”在，这种“他信力”最终只能发展成为“自卑感”。设若还不想让别人发觉，就必须装腔作势、恫吓谩骂。《笔会》的文字不拿腔作势，主要是因为《笔会》的编者、作者内心都有对于生命的坚定信念。

三

前面已经说了，这个时代实在是太容易发声了，微信、微博以及各种社交平台，各种各样的声音此起彼伏。所谓“一犬吠形，百犬吠声”，太容易发的声音多半意义就不大了。而且，我们又会因为太容易发声而急于发声，结果整个社会变得浅薄、粗鄙，甚至霸道。

于是，静下心来，认真地阅读一点认真的文字，就变得格外重要。关于阅读的好处，说的人太多，有时候甚至因说得太多反而不能引起大家的关注。我在欧洲或者日本旅行的过程中，最让我深受刺激的就是在他们的地下铁车厢里，总是有很多人（在法国，几乎是每个人）在认真读书。我想这大概就是民族与民族间的差距吧。一个民族要得到其他民族的尊重，不是颟顸自夸就可以解决的，而是要让别人一见之下肃然起敬方才可以。所以，从这个意义上说，阅读其实是一件很要紧的事情。

阅读的第一个好处，大概就是和聪明人谈话。“雾里看花终隔一层”，很多事情说不清道不明，混混沌沌，这是我们生活的常态。有时我们就因为习惯这样的情况而变得日益平庸起来，这是对于美好生活的放弃。好在，会有那么一些聪明人有一双“慧眼”，把世事看清说明。读这样的文字，仿佛“醍醐灌顶”，一下子清爽明朗起来。又有很多事情，当时道是寻常，但是聪明人却往往可以在寻常里看出不寻常来。这个时候，读一点他们的文字，就能够发现那些一般发现不了的世界与道理。而这一切的关键，就是让自己在阅读中变得“聪明”起来，拥有看世界的眼光、胸襟和见识。所以，认真地阅读，不是将自己变成别人，而是在倾听别人的过程中发现自己。

阅读的第二个好处，是把自己沉浸到审美的生活态度中去，以此反抗粗鄙，这应该是我们民族实现自我救赎的重要内容。什么是有尊严地活着，什么是深情地活着，什么是优雅地活着，从我们当今的生活中去找恐怕不易，但是我们或许还能够在那些有尊严的、深情的、优雅的文字里感受到。更何况，娓娓道来、不疾不徐、诚恳温和的态度，风趣而智慧的表达，雅驯而风致的文字本身就是一种关于美好的熏陶，这是“习染”的力量。所以，宋朝的黄庭坚说：“三日不读书，便言语无味，面目可憎。”每一天容颜举止的变化，虽然可能微乎其微，但是却异常深刻地改变着我们。当你拿起书认真阅读的时候，目光会因此而深邃、温柔，你的呼吸会因此柔顺、平和，你看待周围世界的心情或许也会变得从容而美好。

有更独立的人格，能更优雅地生活，这大概就是今天我们需要阅读的两个理由吧。小而言之，阅读改变我们的气质；大而言之，阅读实现民族的自我蜕变。所以，我真诚地希望，这本小书能够在阅读改变生活的过程中发挥一点小小的作用。设若能够在公园的草地上、咖啡馆的桌子上、地下铁的车厢里、教室的课桌里看到这本书的影子，看到更多的年轻人从自己的包里非常自然地抽出这本书，从昨天没有看完的那一页继续今天的阅读，那该是一件多么令人高兴的事儿。

基于以上的想法，我在编选的时候常常会有一点自己的认识，随选随写，现在就附赘在文章的后面。如果对年轻的爱书者有万一的启示，也算是一件功德。设若觉得这些文字见短识浅，也正好可以做了原文的“陪衬人”（les repoussoirs）。

（此文为《把信写给埃米莉》的序言）

06 谈谈历史剧中的语言问题

吐槽电视剧《楚汉传奇》的大有人在，其中之一就是说语言比较穿越。比如，秦王有一句台词中出现了"豁然开朗"一词，而此词出现在陶渊明的《桃花源记》中。《桃花源记》作于公元 421 年左右，胡亥则生活在公元前 230—公元前 207 年，两者相距 600 多年。不少网友惊呼，这也太穿越了！

其实，有些问题不能一概而论。如果仔细讨论，我们就会发现，历史剧中的语言有两类，其中一类就是直接引语。比如，《楚汉传奇》中秦焚书坑儒一段，出现了学生在读《三字经》这样的搞笑场面，这是应该受到吐槽的地方。因为《三字经》的作者一说是宋代的区适子，也有说是明代的黎贞或宋代的王应麟的。总之，秦代不可能会有学生摇头晃脑地读《三字经》，这是历史事实方面的错误，应该及时纠正。

说到人物对白，则是另外一个问题了。我觉得人物对白不应该过多地进行考据，因为它是说给现在的观众听的，本身已经是白话文了，只是起交代情节、表达情感的作用。如果一般的交流语言还要详加考证的话，那么表现的时代越久远，就越没有像样的话可以说了。如果要表现三皇五帝之前的历史，岂非只能像人猿泰山一样发出呜呜声？我们现在写剧本使用的是白话文，所用的成语、俗语都应该被看作白话文语言体系的有机组成部分。如果从这个角度看，一些成语俗语出现在台词中，只能看作起推进语义发展作用的普通词语。用索绪尔的语言理论来说，就是起到"横组合"（syntagmatic relations）的作用，不必作纵向联想。当然，如果一个成语牵涉非常明显的具体的历史事件或者历史人物，而这样的事件和人物在电视剧表现的那个时代还没有出现（比如“三顾茅庐”之类，在楚汉时期是不可能出现的），则最好避免。

对于人物对白不可过于苛责，除了语言学上的道理外，还有作为电视剧这样一种艺术样式在社会传播功能方面的道理。电视剧不是教科书，不是史料集，它具有娱乐的功能，追求的是在更广泛的受众中得以传播，所以要说大众语，这是传播的前提。如若不然，它首先不具备传播的可能性，也就无法完成作为电视剧应有的产业价值。成语作为大众广为接受的一种言语组成，在信息及情感传播方面能够起到“小身材、大容量”的作用，这是不可忽视的。

很多问题是需要仔细考量的，否则“一犬吠形，百犬吠声”，虽言之汹汹，实于事无补，可不慎哉?

07 “言语有如微小剂量的砷”

看到一个关于余泽民（《1984》的翻译者）的专访，他说的一段话对我触动很大。

> 这本书的翻译难度不在语法，而是他（它）用了大量20世纪六七十年代，也就是“文革”的词汇。后来，我觉得特别兴奋，如果我再晚出生10年，就翻译不出来了，因为它有大量特定时期的语汇。而且，我发现一个特别有意思的地方，比如“文革”中出现的语汇，在匈牙利语中很多是直译过去的，像“把谁谁扫进了历史的垃圾堆”，就是“垃圾堆”，一模一样。这让我仿佛进入了小时候的氛围，因为我是20世纪60年代出生的，从一懂事就听广播、听高音喇叭，这些都在我的脑子里复苏了，突然启动了我记忆库里一部分已经不用的语汇。

对此，我深有同感。有一次，写“思想汇报”，我以为会很难落笔，谁知道真写起来，头脑里某个尘封的角落仿佛忽然被照亮，许多词语和句子就像阴湿墙角里的藤蔓居然肆无忌惮地疯长起来。我以为很多词语已经在我的头脑里被清除掉了，实际上并没有，只要有适宜的“温度”与“湿度”，它们就会重新长出来。余泽民的感受让我重新审视这样的语言所具有的不可小觑的力量。

这样的语言，在我看来大概有这样几个明显的特点。

首先是对权威的语言的引用以及大规模的模仿。我小的时候，做广播体操、眼保健操之前都会播放一段前奏，会有一个女声用高八度的尖利的声音告诉我们，“伟大领袖毛主席教导我们：‘发展体育运动，增强人民体质’，广播体操现在开始”或者“为革命，预防近视，保护视力，眼保健操现在开始”。大凡写一篇文章，开头总会引用一些我们自己也不知道写了有什么用的话，比如，“金猴奋起千钧棒，玉宇澄清万里埃”或者“春风杨柳万千条，六亿神州尽舜尧”。即便没有那么有文化，也必须学着其他人的腔调来一句“东风吹，战鼓擂”之类的，为自己张势。于我而言，倒是在这当中学了不少古人的名言，比如“得道多助，失道寡助”之类。那时候的疯子也很有文化，我至今记得，当时一个疯子在我旁边走过时大喊：“逆历史潮流而动就是反革命！”

其次是对于自己的敌人的侮辱性的语言，这样的语言一般也颇有创意。比如“带着他的花岗岩脑袋，见周公去了”，又如“不耻于人民的狗屎堆”，再如“踏上一万只脚，让他永世不得翻身”，自然也包括余泽民所提到的“垃圾堆”的说法。至于“罪该万死，死有余辜”“跳梁小丑”“蚍蜉撼树”之类的并不是今天的发明，倒是于史有据的。而那个时候，我觉得自己的敌人很多，几乎是层出不穷，所以必须不断翻新，咬牙切齿，义正词严。与此相关联的则是，大量使用军事化的语言，如“桥头堡”“战线”“生力军”“奋斗”“拼搏”之类的，总之是硝烟弥漫，火光冲天。

最后是将夸饰的手法发挥到极致。“千万”“亿”“兆”之类的量词成为最常见的修饰语，“彻底”“全部”“完全”“极其”“最”这些程度副词被滥用，用以营造一种巨大、齐整、压倒性的、不容置疑的语用效果。

这样的语言，不仅仅是一种语言风格，还会对一个民族的心灵和社会形态产生巨大的影响，甚至是不可逆的影响。这让我想到《第三帝国的语言》的作者，德国语言学家维克多·克莱普勒的话：“言语有如微小剂量的砷，一段时间以后就会发生作用。”我真的很想推荐大家看看这本书，看看语言是怎样将一个民族改变得面目全非的。这当然不是语言本身的错，但是它却真实地发生了并正在发生着。

你很难将松尾芭蕉的俳句和日本的侵略行径勾连到一起，但是这样的行为却真真切切地发生了。但只要看一看 20 世纪初日本的报纸杂志和当时的文学，即便是当时最伟大的小说家之一的三岛由纪夫，他的表述也同样是“我渴望鲜血，夜和死”，就不难理解一个民族是怎样陷入狂热之中的。所以，你还以为不能通过语言去预言一个民族的未来吗？

缺少从容、优雅和对对方的尊重、对自己独立人格的捍卫与坚守的语言，是衰败与羸弱的民族内心的体现，是奴性的体现，是失去了对未来的憧憬的体现。它的宏大与压倒一切的做张做势，其实是对色厉内荏的最好诠释。这不是一个曾经有过“秩秩斯干，悠悠南山”“春水碧于天，画舫听雨眠”“寒波澹澹起，白鸟悠悠下”的民族应该有的语言。

此外，语言也会影响其他的一切，包括戏剧、电影、海报甚至建筑。曾经在某地见到一幢巨大的政府大楼，具有后工业文明特征的巨大体量，呈现出某种科幻般的恢弘。在宽阔无人的大街上，我停下车，拿起相机拍下这一切，而脑海里浮现的是一部同样恢弘的纪录片《意志的胜利》。

08 也说冯唐翻译《飞鸟集》

世界踏着心的琴弦匆匆而过
低徊的心唱了很久忧伤的歌

戴着面纱的影子
随着光的步子
爱恋
柔软

看到这样的文字，你觉得如何？是不是很美，也很抒情？但是如果我告诉你，这些文字来自冯唐翻译的《飞鸟集》，你会作何感想？或许你以为冯唐的《飞鸟集》应该是充满了“骚”“解开裤裆”和“舌吻”的吧。

关于冯唐译《飞鸟集》，如今俨然成为一个文化事件。在八卦漫天的世界里，一个小小的译本，本不该引起太多的关注。冯唐翻译诗歌，除了不太搭以外，应该也不会蕴含更多的意思。在网上刚开始吵吵闹闹的时候，以我之腹黑想去，以为又是一种炒作而已。待到浙江文艺出版社宣布下架召回，才知道这真的成了一个事件。

冯唐翻译得如何？不好一概而论，有些翻得挺美，比如上面引述的。有些翻译得挺有意思（本来想用“骚”字，想想还是不雅）。

比如：O Beauty, find thyself in love, not in the flattery of thy mirror. 冯唐翻译成：美，在爱中，不在镜中。

按照信、达、雅的标准，这不是很“达”，但在神韵上是不是比“啊，美呀，在爱中找你自己吧，不要到你镜子的谄谀中去找寻”，更具有泰戈尔的神韵呢？

再如：The clouds fill the watercups of the river, hiding themselves in the distant hills. 冯唐翻译成：云把河的水杯斟满，躲进远山。

我觉得这样的诗句非但美极了，而且真的仿佛出自泰戈尔之口。当然，有些翻译则没有能够保持以上的风采，译得并不理想。

比如：Her wistful face haunts my dreams like the rain at night. 他翻译成：她期待的脸萦绕我的梦，雨落进夜的城。虽然有意象派诗歌的风韵，但是却失去了应有的简洁和隽永，显得刻意而笨拙。

当然，也有翻译得莫名其妙的。

比如，鱼寂海上，兽噪地上，鸟鸣天上。人同时拥有海的静寂、地的肉欲、天的神曲。

它的原文是：The fish in the water is silent,the animal on the earth is noisy,the bird in the air is singing.But Man has in him the silence of the sea,the noise of the earth and the music of the air. 这里的“海、地、天”是和上一句的“鱼、兽、鸟”相呼应的，既然上面用了“兽噪地上”，为什么后面要翻译成“地的肉欲”呢？人所拥有的喧嚣，其实并不仅仅止于肉欲，还有更多，即使人的那些喧嚣常常带给人的是沉默与绝望。至于那首关于“裤裆”和“舌吻”的诗，我是无法接受的，不是用词的粗鄙，而是根本与原诗没有什么关系。

另一种需要讨论的，就是关于“我是死啊，我是你妈，我会给你新生哒”。“哒”这个词，本来是一个拟声词，但是最近成为网络上的语气词，它比“……的”更“萌”（据说是来自日语的一个网络热词）一些，是日常口语中语气词的书面化表现。虽然语言界对此有各种说法，但是其语言表现力还是很明显的。对于这类语言，我的态度是，用一种开放的态度静观其变，沧海横流方显英雄本色，时间是语言最好的试金石。

花如此大的力气讨论冯唐的翻译，无非想说明，对于一种文化现象的讨论，应该是全面、客观的，这才是一个理性的社会应该有的态度。只让人看到其某一面，然后“义正词严”地挑动愚民群起讨伐之，是文化霸权者的勾当，网络霸凌，于斯可见。至于说浙江文艺出版社连忙下架这种“噤若寒蝉”的姿态，是庸人自扰，还是先见之明，就不得而知了。

09《枕草子》的两段译文

有一段时间早晨起来时，我就会读几页《枕草子》。我手边有的是周作人的译本，电子书则是林文月的译本。出于好奇，对译文进行了小小的比较，我不懂日文，但就汉语的表达说说自己的感想。我并没有将全书读完，只是就其中一段作个对比，看看汉语表达中的微妙差异，本意并不在比较两者的高下。

【林译】

秋则黄昏。夕日照耀，近映山际，乌鸦反巢，三只、四只、两只地飞过，平添感伤。又有时见雁影小小，列队飞过远空，尤饶风情。而况，日入以后，尚有风声虫鸣。

【周译】

秋天是傍晚最好。夕阳很辉煌地照着，到了很接近了山边的时候，乌鸦都要归巢去了，便三只一起，四只或者两只一起的飞着，这也是很有意思的。而且更有大雁排成行列的飞去，随后变得看去很小了，也是有趣。到了日没以后，风的声响以及虫类的鸣声，也都是很有意思的。

直觉地看，似乎林文月的翻译更有古意，但是仔细去读就会发现很多值得推敲的地方。比如，“夕日照耀，近映山际，乌鸦反巢……”短语简洁明快，从内容上看仿佛描绘了并列的两个场景，一是说夕阳照耀山际，一是说乌鸦归巢。比较周作人的翻译，我们可以发现，这一段话既有场景的并列，也有时间上的迁移，更有两者间的关联："夕阳很辉煌地照着"是一层意思，"到了很接近了山边的时候"则有夕阳渐渐落山的时间变化，而这样的时间变化，又为"乌鸦归巢"提供了前提和背景，三句话之间前后勾连，意态连绵。从语气上说，"乌鸦反巢"则是简洁果断的，"乌鸦都要归巢去了"则是一种轻轻的喟叹，别有一种感伤的情态——这大概是白话可以胜过文言的地方吧。至于"三只、四只、两只地飞过"较之"便三只一起，四只或者两只一起的飞着"就差了很多。从节奏上讲，林译无变化，周译则有顿挫；从语义上说，罗列数量，而且如此怪异地罗列，其实意义不大，而周作人的翻译似乎让三、四、两这些数字具有了微妙的情态，仿佛里面有微妙的"乌际关系"似的，很容易让人联想到人生中的种种际遇因缘。

至于描写大雁的一段，同样如此。林的翻译是对场面的直接叙述，而周的翻译能够体现时间的流逝，仿佛你就在那里一样。另外，从语文的角度看，林的译文里"尤饶风情"是一个很不好的词语，"尤"和"饶"的意思重叠了，这种为文章的语言风格而刻意造词，在训诂上又缺少训练，往往容易贻笑方家。至于"又有时见"既非文言，也不能算白话，是很别扭的。

最后一段尤其需要说一说。周作人和鲁迅都是文章大家，很懂得语言节奏本身就是表情达意的手段，所以鲁迅《秋夜》里的两棵枣子树那似乎拖沓繁冗的表述就成了名句。周作人这里的翻译也是如此："到了日没以后，风的声响以及虫类的鸣声，也都是很有意思的。"一句话分三段说，悠缓从容，又略带感伤，每读至此，直欲废卷兴叹。

林文月对自己的翻译是很有信心的。她在序言里指出，周作人的翻译往往直译，殊不知，很多相同的词语在不同的语境里应该是有不同的意思的。言下之意，自己能将不同的意思都准确地表达出来。比如，周作人很喜欢用"很有意思"或者"很有趣"之类的词语，而林文月的翻译则根据句意，将这些词语都一一坐实了。这个说法固然有道理，但是我想饱经风霜的周作人先生，肚子里的词语何尝会少，只是人生的况味有时就是比你肚子里的词语多一点点，而且越是阅历丰富，越是觉得“欲说还休”，所以有时候就只能用最简单的“有意思”一言蔽之了。那么，周作人偷懒了吗？并没有，因为那点意思都在上文语词的选择、节奏的把控以及语气的流露里表达出来了。所谓“可意会不可言传”，大概就是这个意思吧。

辞约而意闳是好的，但是一味模仿古人说话，却又缺少古人的风致，就不好了。周作人虽然用的是白话，但是其中的阅历、情致和气质，令人大概是很难追慕的了。

10 《断章》臆说

你站在桥上看风景，
看风景的人在楼上看你。
明月装饰了你的窗子，
你装饰了别人的梦。

卞之琳的《断章》可以算是新诗中为数不多的受到广泛赞誉的小诗了。这首诗的确有着融贯中西的格调与情致。据说，这是卞之琳创作的一首长诗中的一段，对这首长诗卞之琳并不满意，而唯有这短短的四句，仿佛神来之笔，就索性将这几句抽离出来，命名为《断章》。

历来阐述这首诗的文章可谓多矣，但总不过是在相互关系上做文章。“人生可以相互装饰……主体客体本来就是相对的，宇宙万物原本就是相互依存、息息相关的”之类的话，几乎成了这首诗解读的定论。当初，李健吾先生将着眼点放在“装饰”二字上，认为是人生的落寞与悲凉，而卞之琳自己却否定了这样的说法，认为意思还是在“相对”关系上，一时聚讼纷纭。而我一直认为，解读诗歌不要太在乎作者自己是怎么解读的，更应关注作者的作品是怎样展示的，有时候一个作品既是作者的，又不是作者的。对于那些有着清醒的写作意识，并且受过较为严格的写作技术训练的作者来说，作品属于作者的比重会大一些；相反，在跟着感觉走的作者那里，作品和作者的关系或许就会疏离得多一些。

所以，我更在乎自己在读这首诗时的感受。我觉得卞之琳说得有道理，是后人的解读出了问题，那就是“相对”并不等同于相互。上面引述的那句话，三句里面只有一句说得是对的，那就是“主体客体本来就是相对的”，而评论家所谓的“相互”关系，在这首诗里是根本不存在的。

我们且看这首诗：有这么一个人（“你”）不管是寂寞还是欢愉，总之是被眼前的景色吸引着，这时候这个“你”是审美的主体，彼时彼地的美景是“你”所欣赏的对象。但同时，这个欣赏风景的“你”并不知道，在不远的楼上正有一个凭窗眺望的人凝望着他，而这时，第一句中的那个“你”就成了楼上看风景的人观赏的对象。那个曾经的审美主体，在第二句里成了另一个审美活动中的客体。读者诸君不妨想想，这样一说，“你”究竟是“主体”还是“客体”，不正是“相对”的吗？第三句和第四句也是这样的意思。“你”在窗口见了月亮（这时候“你”是主动的），而与此同时，“你”又成了别人梦中眷顾的人（“你”是被动的），主动抑或被动，不也是“相对”的吗？所以，这首诗通篇说的是“相对”。而如果是评论家所说的“相互”关系，那么就应该是“你看我，我看你；你的梦里有我，我的梦里有你”了，但《断章》全然不是这个意思。

然而，如果这首诗只有这一点点意思的话，似乎就不太够意思了。其实，李健吾读《断章》也并没有大错，他用敏锐的艺术感知力读出这首诗隐含的落寞之情。我们不妨进一步看：“看风景的人在楼上看你”，注意这个表述，“看你”和“看到了你”是不同的：“看到了”，是强调结果，并不计较是有意地凝视还是无心地瞥见，而“看你”，就全然是主观意愿了。对于那个在楼上看风景的人来说，“你”就是他所专注的风景。读者诸君，你们能不能发现，这里有那个“看风景的人”的一厢情愿在呢。第三、第四句中，“你”只是沉浸在“明月”的美景之中，但是不是知道，“你”出现在了那个“别人”的梦里。这样的表达不仅重申了前面的一厢情愿，其实还有隐隐的埋怨，不知读者诸君有没有感受到？

更进一步看，诗中那个“你”应该是一个充满艺术气息的人吧。看，“你”选择站在桥上看风景，是一个多少知情识趣的人，“你”不说自己从窗口看见了月亮，而是觉得明月“装饰”了你的窗子，这不要太“文艺”了。但是，在“你”沉浸在艺术的情境之中的时候，大概“你”不知道，正有一个满怀心思的人在为“你”神魂颠倒。关于这个人，第一个信息是“在楼上”，但并不是极目远眺，而是定定地看着你。第二个信息是“装饰”，“你”并不是那个满腹心思的人的梦中的主体，只是起到让梦更美好的“装饰”作用，何以故？因为梦是现实的曲折再现，其实对那个在桥上看风景的“你”姓甚名谁，他可能都无从知晓，只是被“你”落花人独立的曼妙一瞬所吸引。这样隐隐约约的印象，自然不可能活灵活现地出现在那个“别人”的梦里。在梦里，“你”可能也不过是那惊鸿一瞥而已。这样读者诸君就可以发现，原来那个“在楼上看风景”的人是一个多愁善感、内心寂寥的痴情之人。他叹“你”的美慧，又恼“你”的无情，而在这个呆子发痴的时候，“你”其实浑然不知，这就是生活中种种莫名的错过。而这种多情却被无情恼，本身是不是也很美丽呢？

11 《断章》再说

为什么是“再说”呢？因为前面已经写过一篇《〈断章〉臆说》了。我觉得有些问题还是没有完全说清楚，需要再说一说。这个问题就是“装饰”二字。——“明月装饰了你的窗，你装饰了别人的梦。”

“装饰”二字在卞之琳的生命中有着不一样的意义。1937 年，他为自己暗恋的对象张充和抄写的诗集就命名为《装饰集》。看来，“装饰”二字里有着卞之琳很深的寄托。“装饰”的语用意义是非主要的、表层的，使事物变得美好的。但是，如果那些装饰真的有感觉、有情感，它就会发现自己永远是次要的，为别人添彩，是永远不能进入别人真正关注的层面里去的。

“明月装饰了你的窗”，你会发现，因为有了明月的装饰，窗子所镶嵌的景物变得生动、通透、灵动了，似乎有了某种仙气。但是，明月只是让整个景物灵动的诱因，它并非景物的中心。同样，“你”出现在别人的梦里，也不过是一个装饰而已，并不能登堂入室而成为别人梦中的主角。这样去看《断章》似乎真的有些落寞，又有些懊恼。

如果这样说不算太错的话，《断章》实际上就是一个单恋的年轻人的痴话。这个文艺小青年站在桥上看风景的时候，忽然发现高楼上正有人在看着自己（或许是自作多情也未可知）。于是，这个小青年就为楼上的人发了痴想，总觉得楼上的人或许是心有所属吧。他沉醉在其中的时候，忽然发现楼上的人不见了，或者虽然见了，但远不是那么的欣喜和欢乐。于是，他恨恨地想，自己何必如此自作多情，自己不过是别人梦里的装饰而已。——殊不知，以为做了别人梦里的装饰，也还是高看了自己一眼的结果，或许你在那个人的心中根本就没有位置。

沿着这样的八卦心思说下去，卞之琳将自己手抄了送给张充和的诗集命名为《装饰集》，也就别有深意了。

为什么这一段要另外写一篇呢？因为这样解读诗歌是犯了我自己定下的忌讳的。我觉得文本的解读应当首先是“徒手搏虎”的，写作背景、作者逸事都应该先放到一边。从这篇文章里牵出卞张爱情，很有些八卦娱记的嘴脸。

但是，“装饰”二字又如此地扎眼，我又偏偏知道这个《装饰集》的故事，不由得自己不往这个地方想，而且想着想着也觉得有一些道理。我还可以进一步推断，卞之琳对李健吾的反驳，实际上是情感的搪塞，不愿意成为别人的说辞而已。李健吾对卞之琳还是有些了解的。

做个文抄公吧：

李健吾在一篇评卞之琳诗集的文章中谈到了《断章》，他认为诗人对于人生的解释都是“装饰”。“诗面呈浮的是不在意，暗地里却埋着说不尽的悲哀。”卞之琳在答复的文章中说，他对“装饰”的意思并不看重，“我的意思着重在‘相对’上”。若干年前，他又对诗人周良沛说过同样意思的话：“无非是表达一种相对的、平衡的观念。你把我当风景，我也把你当风景，你我的形象互换在对方的窗口与梦中。诗人的主要意图是表现人与人之间、物与物之间，不论自觉不自觉都会发生这样或者那样的相对关系。当然，也可以把它当作情诗来读。”

这里引的虽然是只言片语，有些话还是不对的，比如“你把我当风景，我也把你当风景”之类，其实在诗歌里面是不存在的，自己越说越乱。但是微言大义，有些意思还是可以看出来的，也算我庸俗之心不改吧。

那么，“徒手搏虎”式的解读究竟对不对呢？我坚信还是对的，因为我们读文章的时候，哪有那么巧，恰巧就知道背景，恰巧就了解作者？更何况，阅读何尝不是一个借着文本认识自己的过程呢？

12 关于《相信未来》的呓语

寂静的时候，总会有些超越现实需求的思虑，这样的思虑有时如细索，牵扯着自己的内心。关于一些回忆的碎片、一些情绪的波澜、一些莫名思索的断片以及一些极细微的感觉之类的，所有这一切并没有切实的目的，只是坚定地提醒着自己的存在。

有些话，年轻的时候是不懂的，一定要经历了时间的炮制才会懂。比如，有一天心血来潮，想跟学生说一说食指的《相信未来》，但最后因为匆忙也没有将很多问题讲清楚。不过，我很高兴的是，自己终于懂得了这首作者写于 19 岁时的诗歌。激情昂扬，对未来充满希望，或许是人们对这首诗的一般理解。但是，只要你不是泛泛而读，而是很认真地站到诗人的心灵对面，真正地去看它、听它、感受它，你能够知道的东西一定比现在多得多。有时候就是这样，我们似乎在读着它们，但是内心却异常地疏离它们，将它们看作我们之外的另一种声音，而这实际上，真的是粗暴而可耻的。

我读《相信未来》的时候，真正打动我的诗句是：

我之所以坚定地相信未来，
是我相信未来人们的眼睛——
她有拨开历史风尘的睫毛，
她有看透岁月篇章的瞳孔。

这个诗节是阐述诗人一再强调的“相信未来”的原因，而这个原因概括起来就是，他相信未来的人们能够拨开风尘看透岁月。换句话说，他的信念就是来自信念本身——这个结论是让读他的诗歌的我感到寂寞与绝望的，尤其是想到他居然将生活在今天的我们当作“未来人们”，并对我们热切地憧憬着。

信念来自信念本身，在我们看来是一个逻辑的悖论，但却是食指的生命支柱与寄托，这真的让人悲哀。但我是能够理解他的，因为我在那个年代也习惯于不经过自己的思考而相信一些什么，这说明那时的教育很成功，整整一代人都被教育着去坚信一些似乎无需证明的东西。甚至如果有人觉得这些东西需要证明，那本身就是大逆不道的，即便是转念之间有这样的想法，也会在灵魂深处战栗不已。最后，生活中的种种事实却一点一点地将我的坚信变成怀疑。这是我们“60后”无法逃避的悲哀。所以，在20世纪80年代，有个诗人写下了题为“我不相信”的诗歌，虽然他现在或许也已变得相信一些什么了。

不过，在这首诗的结尾，我看到了一个变得气短的食指。他对自己的信念变得不那么坚定了。

朋友，坚定地相信未来吧，
相信不屈不挠的努力，
相信战胜死亡的年轻，
相信未来，热爱生命。

我很喜欢关注作品中的语气词，因为很多连作者自己也未必清醒意识到的情绪，有时候会因一个语气词的选用而流露出来。我被那个“吧”字打动了，这是一种祈求的语气，在期望朋友坚信的同时，实际上也是希望自己的内心能够保持这样的坚信。生命的延展必然会带来美好的明天吗？连续的“相信”，为什么总让我读出他内心的气短呢？

在那样的年代里，发现荒谬需要勇气，发现了现实的荒谬依然保持对未来的希望与信心更需要勇气。但是我更多地感受到的是，在这些东西背后更深层、更强大而黑暗的东西，那就是思想的强权。是谁让食指有了一种在苦难中殉道的神圣感？是谁又让苦难中的食指相信明天必然美好？施加了苦难，却要让人感到幸福，固然是一种卑劣；施加了苦难竟还能够让那少部分的清醒者毫无理由地坚信明天的美好，是卑劣中尤其卑劣的。读这首《相信未来》真的让我欲哭无泪，而更难过的是，我几乎无法表达清楚对食指的理解与同情。

不过，我又那么羡慕那个有所坚信的时代，它可以让我们活得单纯（虽然这样的单纯有着浓黑的底子），活得心安理得，即便是明知身处苦难，我们的内心依然会升腾起一种殉道的崇高。这种英雄主义，在今天已经变成高冷的笑话，成为肥皂剧或者怀旧剧的桥段。而这个世界恰恰是那个世界的逻辑的必然，它们是一胎所生的黑白无常。如果说那是一个"镀金的时代"，今天或许就是一个"腐铁的时代"。剥去斑驳的金箔，内里是一样的腐黑。残留在记忆里的那点黯淡的金箔，似乎成为苍白寂寞的我们不断怀想的迷思。而食指无疑是这一片烂漫中最让人牵挂的。

我注定无法跟我的小朋友们讲清楚这样的感受，那么就让我继续独自品味我那寂寞的英雄主义的破烂华章吧……

13 我说《雨巷》

《雨巷》是诗人戴望舒的代表作，说是代表作，是因为这首诗为诗人赢得了“雨巷诗人”的桂冠。但是戴望舒先生并没有将它视为自己诗歌创作的标志性作品，甚至在他自己编定的诗集中，都没有收录这首诗。

现在固然不是读诗的年代，但是对如何读诗还是可以多说两句的。不论是叙事诗还是抒情诗，乃至一切的文学作品，第一要紧的就是让读者内心升腾起某种情愫，如果不能做到，就不能随便称自己的文字为文学了。是不是诗歌，不是看它用了多少手法，其中的意象又是从何传承，迢递至今的，是看它用怎样一种情愫将你围困住，让你久久无法释怀的。

就拿《雨巷》来说，某种意义上它很像郁达夫的《故都的秋》，不过一个是将情感幻想成为一场雨中的邂逅，一个是将自己的寂寥悲凉审美化为故都的风物，所以都属于主观主义的创作。在这种创作中，外界事物其实不过是内心情感的一个幻想而已，是文人内心情感的一种寄托。如果要用一个大家认为的规范的概念来表达的话，这就是象征主义。它是文人内心寂寥的象征。

说到文人内心的寂寥，有时未必有什么特别具体的原因，常常只是单纯地发自生命的底层。从社会学的角度看，“心忧炭贱愿天寒”之类的悲怆，乃至“念天地之悠悠，独怆然而涕下”，都是有具体的指向的。但是闲愁却不是这样的，“若问闲情都几许？一川烟草，满城风絮，梅子黄时雨”。里尔克有诗云：“这时悲哀如江河，铺满大地。”这种闲愁，是来自生命底层最原始的地方，没有具体的指向，但却又无处无时不在，只是当你为具体的事物或喜或悲的时候，它不会出现；当你闲来无事腾出空来直视自己的内心的时候，它就会一下子将你包围。一般的人的这种感觉弱一点，叹息一声，也就罢了，但是文人则不会善罢甘休，上穷碧落下黄泉一番之后，发现上下茫茫都不见，明明有愁，却不知从何而来又不知如何得去，这便特别吸引文人，为之作诗赋歌也在情理之中。可以说，戴望舒的那点惆怅就是没来由的。但正因没来由，没有具体的定义域，反而具有了普世性。这也是《雨巷》可以引起那么多人关注的原因吧。

《雨巷》也是一首属于羸弱男人的诗。在心中臆想一个女郎从自己的身边飘过，又投射过来动人的眼光，这是许多男人会有的臆想的画面。不过在这首诗里，有的不是雄性的征服，而是幻想自己忧郁的气质吸引擦肩而过的女郎，这又是羸弱男人容易有的幻想。这首诗就意蕴而言恐怕也就是这些了。不过，《雨巷》的妙处在于为一种情感寻找到最合适的承载物——一个丁香一样的结着愁怨的姑娘。第一，丁香是与雨联系在一起的，也是与愁怨联系在一起的（所谓丁香空结雨中愁）；第二，丁香是清幽淡雅的（符合文人的审美习性）；第三，丁香是小巧玲珑的（适合怜惜和揽之入怀，以体现男性的征服感）。没有什么比这更贴切地符合一个羸弱善感的男诗人的心怀了。一个作品能够道出那种人人（或者是部分人）心中有、笔底无的东西，就是一种成功，而《雨巷》做到了。

《雨巷》当然是具有古典主义审美精神的诗。《拉奥孔》的作者莱辛是古典主义审美理想的最好的表达者，按照他的概括，美就是对于情感的节制。不让情感泛滥，而以一种精神的力量控制住它，这才是美的最高境界。《雨巷》中，“我”与那个姑娘的邂逅，只在擦肩而过时一道叹息的目光而已，女郎没有为“我”而停留，“我”也未曾执着地去追寻，情感停留在时间空间交汇的那一点上。世俗地看，这是诗人的懦弱；审美地看，则是一种感情的控制。欲说还休之际，琵琶声停欲语迟之时，都是审美达到最高潮的时候。

当然，《雨巷》实在是一首虚幻的诗，所有的画面并没有出现在现实之中。它开头就说，“我希望逢着一个丁香一样的结着愁怨的姑娘”，而最后则是“我希望飘过一个丁香一样的结着愁怨的姑娘”。从头到尾，这不过是一场春梦，而且是一场了无痕迹的春梦。这是一个精神羸弱而细腻的男人闲愁满布之时的一个幻象。

我想戴望舒那时的精神一定正在生着很严重的“结核病”吧，《雨巷》正是他吐了半口血之后恹恹的梦话。

14 朴素与精致

木心谈文学，陈丹青很推崇，我只是读了他的《文学回忆录》，觉得他时有灵光，但未必真是通人。不过有些话说得很妙，比如说陶渊明“写得真朴素，真精致”，“不懂其精致，就难感知其朴素”，“不懂其朴素，就难感知其精致”，都是明白人的话，但是难懂。这是中国文人说话的特点，往往喜欢玄虚，不肯坐实。

中国诗歌喜欢属对，这是汉语的特点决定的；中国诗歌还喜欢“炼字”，这是汉语一字一音一义的特点决定的；中国诗歌更有许多章法上的讲究，比如扬抑、虚实、照应、铺垫、渲染、对照之类。如果这些方面做得好、很讲究，就叫作精致。但是，如果一个诗人这些方面都照顾到，精雕细刻，有时候就会使诗变得笨拙、累赘甚至牵强附会。在很多人看来，这是无法两全的事情，但是天才除外。比如，我曾经讲过诗人江为（字以善）的诗句“竹影横斜水清浅，桂香浮动月黄昏”，对仗自然工整，也切合竹子和桂花的特点，但是放在一起却显得画面凌乱，被林逋一改境界全出，这就是庸才和天才的区别。

朴素，是不事雕琢，但这只是表象，深入地看，则是思想的天真。这里的朴素，就有点道家的意思了。《庄子·天道》里说：“静而圣，动而王，无为也而尊，朴素而天下莫能与之争美。”就好比是美人，不施脂粉，不描蛾眉，照花临水，却惊为天人。记得以前我教过一个生得很美的学生，但是她自己并不觉得，整天疯疯癫癫，周围的人看到她就说她是那种不知道自己是美人的美人。这大概就是朴素吧。

为什么说陶渊明是“朴素”的呢？因为他的诗歌不做作，有时候甚至晓畅得像大白话："孟夏草木长，绕屋树扶疏。众鸟欣有托，吾亦爱吾庐。"就算是脍炙人口的"采菊东篱下，悠然见南山"，也像是随口说出的一样。也就是说，陶渊明的诗意是与生俱来的，不是"吟安一个字，捻断数根须"那一类的。再加上格调悠然高迈，自然被后世惊为天人。但在他自己看来，或许只是"随口说出来"的而已。

怎么又说是精致呢？陶渊明的精致，有时候真的让人着迷："平畴交远风，良苗亦怀新"，那种畅快与欢愉，是从字里行间无法阻拦地迸发出来的。平畴开阔，远风飒爽，"交"字有极强的纵深感且动感十足；造句方面，"平畴"隐含"良苗"之意，"交远风"又呼应了"亦怀新"，一开阔一收缩，一客观一主观，统一之中又有对抗，张力十足，如何不精致呢？

如何看朴素与精致的统一呢？就是说这种精致全然是自然的功夫，是不加"佐料"的。用陆游的话说，就是"文章本天成，妙手偶得之"，"天成"二字是说到根了。有些句子精致归精致，就是读着累，"茶瓯屡煮龙山白，酒椀希逢若下黄"之类的就是如此。朴素而精致的诗句，初读如白话，仿佛就在嘴边，只是那人嘴快而已，再想才觉味浓，心里有嘴边无，要是细细揣摩，才发现连心里也不曾有，天风海雨，无迹可寻；静下心来再想，又是"蓦然回首，那人却在灯火阑珊处"。这是朴素而精致的妙处。

如果大家这样去读诗品诗，气格是不是可以高些呢？

15 千利休的牵牛花

丰臣秀吉想观赏千利休园圃中的牵牛花，千利休便将园中所有的牵牛花都砍了，这让丰臣秀吉很恼火。但是一走进千利休的茶室，一朵（也只此一朵）牵牛花却绽放在素色的花瓶里。这件事情被很多日本作家津津乐道，我却很不喜欢。

物哀，是江户时代的本居宣长提出的美学观，是对自然的深沉的情怀，类似于中国人所说的“触目伤怀”。如果说千利休的公案有物哀的意思，我觉得是浅见。他将园中的牵牛花斩尽，只为了突出“这一朵”的异常之美，这不自然，而且有些残忍。这种“物哀”感，实际上是硬生生地造出来的。在我看来，花在枝头随风舞的意态，才是真正的美好。

残损之美，在中国文化看来是不健康的，但是在日本文化中却被津津乐道。这恐怕是两种文化根基的不同。中国文化的美有点雅痞，日本文化的美多少有点狞厉。对一个生活在富足环境中的人来说，一切无可无不可，有一种无所谓的颓唐；而对一个生活在窘迫环境中的人来说，则会有一种非此不可的严厉。中国古典文化的根基是温润富足，所以会雅痞一些，而日本文化的生存环境比较瘠薄，自然会有一种极端的意识。

千利休是著名的茶道大师，据说他破碗、朽木、断竹皆可盛茶，表现出对自然的格外钦敬。但是从牵牛花一事来看，千利休实在不能算是真正懂得自然的可贵的。但从另一方面看，千利休这样做，或许正是表现出他对丰臣秀吉的藐视。“粗服乱头不掩天香国色”，前提是要有慧眼只具的灵妙，如果是个伧夫，不将其中的奥妙点明点透又如何识得呢？所以斩尽园中花，实在是为了只此独皎皎。如果丰臣秀吉足够智慧的话，恐怕真的会因此而十分嫉恨。

说到茶道，我觉得日本茶道仪式感很强，不太自然，端坐凝神，甚至大气都不能随便喘一口，与品茶的本意相差太大。而中国人喝茶，又太随便，显得俗了。有人会说，你不是讲究自然的吗？为何又说中国人喝茶俗了呢？通达的随意和伧夫的散漫是不同的，前者不容易达到，后者一不留神就会显露出来，而真的能够通达的又是极少数。偏有那种矫情的俗人，其实未尝通达，却要学人说法，装神弄鬼，非要把伧夫的散漫伪装成通达的随意，到最后少了随意背后的端庄，多的是为自己的鄙陋寻找便宜法门——这是题外话了。村田珠光曾提出“谨敬清寂”的茶道精神，千利休改动了一个字，以“和敬清寂”四字为宗旨。和，即是圆融自然。但是，这个“和”字，恐怕连他自己也没有做到，将园中牵牛花全部斩首，实在未必算“和”。

残忍的悟道法门在中国是不是有呢？也有。俱胝和尚的公案，也是血淋淋的。《景德传灯录》里说：“凡有学者参问，师（俱胝）唯举一指，无别提唱。有一童子于外亦学和尚竖指，归而举似（此处疑当为‘拟’）师，师以刀断之，童子哀叫走出。师唤童，童子回首，师竖起指头，童子豁然而悟。”这一刀固然残忍，却又充满了果断的温暖，和斩尽牵牛花似乎未必一致。

16 “底色”里的生命韵味

早晨出门的时候，我喜欢走清凉幽寂的便道，两边是落叶的乔木，或者有一些时令的花开着。天气不必十分明媚，只要清爽就好，有一点点落寞——虽说是文人的恶癖，但因为内里有着生命的喟叹，料想大家也是不会见怪的。

花的美丽，有时候就在于少，花团锦簇，就太过浓烈。上野的樱花，据说是日本最好看的，我没有亲见，但是从一张照片上看，所有的建筑都被一片粉红粉白的颜色笼罩了，在黄昏的日照里，居然有了一种恐怖与狰狞的感觉，主要是粉红粉白在这里显得太过霸道，成了这个世间的主宰。它们摒除一切，自然会令人感到恐怖。这是我第一次感到樱花的恐怖。其实，不管是樱花还是薰衣草，都是这样。凡是天地间被一种颜色占据了，都会让人觉得恐惧。

忽然想起苏东坡，他的“半濠春水一城花，烟雨暗千家”就有意味得多了，有时候他的深情真的让人无法抵抗。这句诗来自苏轼的《望江南·超然台作》：

春未老，风细柳斜斜。试上超然台上看，半壕春水一城花。烟雨暗千家。

寒食后，酒醒却咨嗟。休对故人思故国，且将新火试新茶。诗酒趁年华。

一城花，当然是“满”的，但是有了“烟雨”作为底色，就有了一种深沉的意味。烟雨的濡湿，就好比国画中的渲染法，本来浓得化不开的艳丽，却因为水而变得淡了，变得润了，变得模糊了，充满水的氤氲的气氛。这是我觉得最有中国味道的地方，忽然想起宋代的瓷器，如汝窑的器物，什么都是淡淡的，仿佛用水淘洗过一样，留下的总是一种沉着的美。东坡有时候也会幽默滑稽，但是和日本的俳谐不一样，所不同的地方或许就在那“烟雨暗千家”的底子吧。

东坡的人生中有旷达的地方，但他的旷达并不很豪放。比如这首《望江南》，“休对故人思故国”，其实还是故作旷达语。大凡“休说”“休对”，其中必有苦涩味，这是一种特定的语用心理。这首词实际上不妨看作作者的“自说自话”。“寒食后”一句是对自己当时情状的描写，“休对”一句则是基于当时情状的自我宽慰。作者咨嗟的是什么，从“休对故人思故国”里看得清清楚楚。所以，“诗酒趁年华”其实并不是一味地豪放，而是有一种“无可奈何”作底子的，或许正因为有了这样的底子，“诗酒趁年华”才不至于陷入放纵不羁的浪荡中去。

中国的美学史很注重“底子”，中国的诗歌里常常有天高地迥的描写。如果将一个人的漂泊放置到这样开阔的背景下的时候，个体生命的渺小与短促，是不是就会有一种哲学化的悲凉呢？倪云林画的树，有一种萧瑟、苍凉的意味，是离不开背后那一带疏落寂寥的远山的；在一个商业中心，我看见有艺术家用枯草做的插花，造型很具匠心，摆放也别具一格，但是因为背景是各式商场炫目的橱窗，反而觉得有一种说不出的滑稽感。因了底子不同，作品的主题就会发生微妙的变化，这大概是东方审美中一个很有意思的方面吧。

17 读《项脊轩志》

《项脊轩志》是归有光的名篇，归有光是唐宋派的代表人物。说到唐宋派，就要说一说明代的文坛了。明代开始的时候，还是有些值得看看的文章的，如宋濂、刘基等。后来政治稳定，国力渐雄，以杨士奇、杨荣、杨溥为代表的文章，讲究气象阔大、雍容华贵，后来称为“台阁体”。这样的文字，有时候为了煊赫而煊赫，自然渐渐变得空洞无物了。然后，出现了以李梦阳、何景明为代表的“前七子”以及李攀龙、王世贞为代表的“后七子”，主张向古人学习，力反“台阁体”的浮靡之风，但是用力过猛，变得诘屈聱牙，大家都看不懂了。这时候，出现了以归有光等人为代表的唐宋派，他们强调向“唐宋八大家”学习，浅易平俗，但是言之有物。当然，那个时候还是注重“文以载道”的，直到明代晚期“三袁”一出，主张“性灵”，才开始公然地和韩愈所代表的“道统”叫板，是人性启蒙的发轫，这是后话。

归有光的文章，很多人拿来比附欧阳修。我个人以为，从文章的手段上看是约略似之，但是气格上还是差一点的。为什么说文章的手段上约略似之呢？因为“言简义丰”是他们的共性。很多话藏在文字的背后，没有点阅历和心绪，是领会不了的。这样的方法，祖溯上去，实际上就是孔子的“微言大义”“皮里阳秋”。不过，孔子那时候是在文字背后有大德的寄托，后来这样的手段变成一种写作技巧，背后未必一定有大义了。又因徐迂委婉，藏巨澜于平波，很符合中国文化的审美习惯，就被大家接受而且津津乐道起来。如果说文章内容能够替圣人立言，可以算作古人文章内容上的正道，这样的写法自然也可以算作古代文章形式上的正道。

读《项脊轩志》千万不要忘了，文章是分两次写成的。第一部分到“得不焚，殆有神护者”，其实后面还有一段，但是中学教材上把它删除了，删了的好处是文气更通顺，不好的地方是后来有些评论者不知有所芟夷，就事论事，对于作者的情感理解出现一些偏差。从内心来说，我觉得删了的一段很矫情，但是对于理解“轩凡四遭火，得不焚，殆有神护者”的意思是有帮助的。作者为什么要强调“得不焚”这个问题呢？关键是在“神护”两字上。一个大家庭家道中落，其中有多少辛酸，目睹了这一衰败过程的“大母”对于这位勤勉读书的孩子寄予了多少希望，不言而喻；而这位感受到家族期待的少年，刚刚“补学官弟子员”（也就是做了“秀才”）自然是豪气干云的。所以在他看来，“神护”的何止是那个书房，更是他的命运和家族的命运。要作如是观，才算是真正懂得归有光彼时心情的人。

前面讲到“言简义丰”，这里就要看看归有光写分家以后的情形：“先是庭中通南北为一。迨诸父异爨，内外多置小门，墙往往而是。东犬西吠，客逾庖而宴，鸡栖于厅。庭中始为篱，已为墙，凡再变矣。”这其中我一直称道的有两处：“鸡栖于厅”和“庭中始为篱”那一句，分开来说之。

“鸡栖于厅”，是少少许胜多多许的笔法。一个人的落魄，不在于将他的生世全然揭开，有时候从穿衣打扮的细节或者闪烁的眼神里就可以看得出来，而勉力掩饰反增其落魄相，这是很多小说用过的伎俩。至于一个家族的破落，有时候不必强聒不休，一个特写的镜头，一切昭然若揭。“厅”是一个家庭的门面，用以会客、宴请，现在不是鸡在里面溜达的问题，而是直接在这里定居了，其衰败不是不言而喻了吗？这就是少少许胜多多许的意思。

“庭中始为篱，已为墙，凡再变矣”，是一处补叙，因为前面已经有了“墙往往而是”，这里只是对那些墙的来历作一个补充说明而已。为什么要补充说明呢？这段经历对于归有光来说实在印象太过深刻。作为一个家道中落的目睹者，可以说的话有许多，但是既不便说又不想说，于是就有了这样的叙述。文字的信息量其实很大：开始的时候扎上了篱笆，分家之初，以篱笆隔开，多少只是象征性的，但是随着家庭间的矛盾越来越突出，兄弟阋墙，老死不相往来，就只好用砖墙来隔开了。大凡一个家族兴旺发达的时候，许多矛盾是被掩盖的，一旦矛盾冲突放到桌面上来，就是家族衰败的标志了。由篱而墙的过程是家族内部矛盾越来越激烈的过程，这样的过程对于归有光来说，印象深刻，所以"凡再变矣"四字里面是有沉重的叹息的。至于为什么要补叙，实在是耿耿于怀不能释然所致。

从章法上来说，写项脊轩之静谧，写家族的衰败，是为后文老妪、大母的感慨张本的，是她们情感发生的基础。这一切都使得"殆有神护者"少了洋洋得意，而多了沉重的责任与使命，这是其味丰富的地方。所有这一切又都是奔着"方二人之昧昧于一隅也，世何足以知之，余区区处败屋中，方扬眉、瞬目，谓有奇景。人知之者，其谓与坎井之蛙何异？"的。这一句充满了对自己未来的期待，也多少表达了对自己未来的信心。应该说，年轻时候写的这部分，章法谨严，笔力雄健，是一个承受了苦难但对未来依然充满信心的年轻人的笔触。

但是真正感人的却是久困屋场之后的部分，作者笔触萧散，意兴阑珊，许多细小的家长里短中有着无限的沉重与苦痛。到了"庭前有枇杷，吾妻死之年所手植也，今已亭亭如盖矣"一段，平平道来，没有呼天抢地，绷得很紧，然但凡有真性情者，没有不因之下泪的，这是蓄势的妙处。琐碎的叙述有时候是一种繁冗，但是如果琐碎的背后有沉痛，这样的琐碎就变得"情何以堪"了。这就好比王羲之的法帖。你看《快雪时晴帖》多么矫健，笔势飞动，但是《姨母帖》又是多么萧散，落拓凄凉。矫健有矫健的美态，萧散又有萧散的韵致，各美其美而已。至于其中的滋味，不同的人，同一个人不同的人生阶段，恐怕都会有不同的感受吧。

我一直强调，每一篇文章背后都有一个活生生的人在，或展眉欢笑，或蹙额饮泣，你必须感受到文字背后的那点气息才成。

18 读《郑伯克段于鄢》

左丘明实在是一个很能写的人。能写的人首先是举重若轻，什么复杂的事情被他一说，似乎事情本身就是那么简单；其次是很有节奏感，什么时候应该让你紧张不安，什么时候释然开怀，似乎都在他的掌控之下；最后就是用简单的语言表达出最复杂的情绪和信息。大概有此三个能耐，就可以独步文字的江湖了。如果再加上对于人性洞若观火的理解，就几乎可以做“文坛领袖”了。不过，这些人本来就稀少，而且往往不能为他们所处的时代理解。当后人读到他们的文字而“惊为天人”的时候，他们常常已经孤独很多岁月了，这就是天才生活在人间的基本际遇。

而《郑伯克段于鄢》，大概就是这样的天才写出来的文字。

“郑伯克段于鄢”六个字是孔子《春秋》里的话，左丘明要将这样六个字铺演成一段故事（虽然并非虚构），我们且看他的手段。

初，郑武公娶于申……

故事是从武姜开始讲起的。在这一段里，所有动作是由这个母亲发出的：“名曰‘寤生’，遂恶之”“亟请于武公”“为之请制”“请京”等。对庄公，只有一个动作，给他取了一个几乎不能算名字的名字——哪有母亲给自己儿子取名“难产”的？而对共叔段，则是一连串的“请”，疼爱之情溢于言表。不过，如果从这一段中你只看出这些，就不能够显出左丘明的厉害。以少说多，才是手段。

那么，还能读出什么来呢？我们不妨到文章里去寻找与一般表述不太一样的地方，这些地方会给我们传递更多的信息。“生庄公及共叔段”，似乎这两个孩子的出生是同时的事情，但事实是，庄公比共叔段大了三岁。所以，如果按一般史官的表达，应该是：“生庄公，寤生，恶之；后三年，生共叔段，大爱之。”将庄公与共叔段一起说，应该是庄姜的口吻：一样生个孩子，你看这个庄公是不是冤孽……这样的表述，让庄姜的专横、偏私跃然纸上。然后是一连串的“请”，但是武公（也就是她老公）并没有答应，因为她偏私的理由实在是有点儿说不过去，“长兄为大”是传统，没有理由改变。后来，她又请于庄公（她儿子），这个儿子可是了得，心机一等一，说“制”这个地方不吉利，别的地方都可以，拒绝别人最好的办法就是从对方的角度找理由（这里其实已经可以看出庄公的心机了）。既然不吉利，当然不适合让共叔段去；我估计庄姜要“制”这个地方也是谋士的意见，她自己未必有这样的政治远见，一听不吉利也就不坚持了。于是，庄姜按照妇人之见要了最大的一块封地“京”，庄公非但遂了她的愿，而且还封了共叔段一个“大（太）叔”的称号。庄姜的政治无知从这件事也可以看得很清楚。此外，大家有没有发现，这一切都是庄姜在张罗，基本上没有共叔段什么事，母亲请制就去制，母亲请京就去京，一点没有政治主见，共叔段只是一个被宠坏的王子而已，这已经可以为后面的兵败埋下伏笔了。这一来一回，庄公、庄姜、共叔段都直接间接地亮了相。这就是以不写为写的高明之举。

接下来就有耿直的大臣出场了。似乎耿直的人心机一般并不深，在这样的文章里就像是相声中的捧哏，为的就是让逗哏的包袱能够抖出来。这就叫映衬笔法，目的是让读者借着这样的一问一答，知道庄公的心思。这里一连用了祭仲、公子吕、子封三个人来累积文势，也是借三个大臣来塑造庄公的形象。每一次庄公的回答都成竹在胸，其实也很阴险。“子姑待之”，几乎是咬牙切齿地说出来的；“无庸，将自及”，则是淡定从容；“不义不昵，厚将崩”，怎么看都是按奈不住的喜悦。读文章就是要悬想说话人的语气，才有味道。

不过，大家不要以为庄公就是凭着对道义的坚信来处世的，他的心机深得很。接下来，京城大叔（共叔段）要造反了，而且是和庄姜里应外合。这时候，作者腾出笔墨写了庄公："公闻其期，曰'可矣！'"真正是神来之笔：第一，我们终于发现，庄公的谍报工作做得很好，连他最信任的大臣都被蒙在鼓里；第二，前面庄公能够这样神定气闲，其实是有底气的，共叔段的所作所为都在他的掌控之下；第三，庄公想要将自己的弟弟除之而后快不是一两天了——"可矣"二字里的多少积怨、多少隐忍一朝迸发。其实不仅于此，"京叛大叔段"一句之中也有很多的信息。京，是共叔段谋反的大本营，居然庄公一发兵就背叛了自己的主人，至少说明两个问题：第一，共叔段应该是一个专横跋扈、毫无政治远见的人，多行不义，失去了民心（这是孔夫子愿意接受的观点）；第二，庄公的策反工作可能从将这块地方分封给共叔段开始就没有消停过，否则他又是怎么"闻其期"的呢？第三，共叔段与庄姜的里应外合，被庄公全程掌控，而共叔段那里，与庄公里应外合的人是谁，恐怕他到死也不知道吧——文章要前后联系起来看，才能看出端倪。

孔子六个字的意思隐晦至极，左丘明曲折委婉，将孔子的意思在不露声色之中表达殆尽，没有一句表达情感，但其在不言之处臧否人物，可以说是达到了极致。

所谓春秋笔法，所谓皮里阳秋，大概在这《郑伯克段于鄢》里表现得淋漓尽致了。左丘明的叙述，背后居然隐含着这么多的心思，其语义的丰富性大概可以让我们叹为观止了。

第二辑

诗意斯美：解诗莫负深致

01 “让那个人就那样栩栩如生地站到你的面前”

说饮茶，不能只有一个“香”字，也不能只有一个“苦”字，因为檀香也香，苦胆也苦，只用这样的方式来说饮茶的感受，只能说是寒酸了。这个道理似乎人人都应该懂得，但是一谈到诗歌，情形就不一样了，很多人喜欢给诗歌“戴帽子”，这首诗是悲凉，那首诗是欣喜，这一首是忧国忧民，那一首是感怀生世。我对学生说，要是一首诗可以用一个词语概括尽了，那这首诗就没有审美的意义了。诗歌的形式是凝练的，但是诗歌的内涵是丰富的，这样的“单纯而复杂”才是美的。

有一位小朋友问我关于李清照的词《声声慢》的问题，我说李清照自己说得就很好：“这次第，怎一个愁字了得。”文人喜欢说愁，有时候是青春期无端的惆怅，有时候是历经坎坷壮志未酬的悲怆，有时候是阅尽人世沧桑的喟然叹息，有时候是凭风远眺的意兴阑珊，个个不同。在李清照来说，《醉花阴》和《声声慢》就是完全不同的愁。不说诗歌，就是小说也是如此，比如沈从文的《边城》里，有一段写翠翠的烦恼，仔细推究起来，都不知道这样的烦恼因何而生，但是她就是一会儿怨一会儿恨，自己想象抛弃了爷爷离家出走，又因为想到爷爷会焦急地寻找她而伤心地哭了，全是没来由的烦恼。但是这个情窦初开的少女的内心，就这样动人地展开在你的眼前，让你不知不觉心生爱怜。

回头来说《醉花阴》，这首词的内容是这样的：

薄雾浓云愁永昼，瑞脑销金兽。佳节又重阳，玉枕纱厨，半夜凉初透。

东篱把酒黄昏后，有暗香盈袖。莫道不销魂，帘卷西风，人比黄花瘦。

词的开篇，作者是端定了架子来写的，薄雾、浓云、永昼、瑞脑、金兽，着力地修饰让这首词有了一个沉重的开头，你甚至能够感受到围绕在词人身边那种沉闷的空气如低音提琴暗哑的呻吟。第二句，是顾影自怜的轻诉。“玉枕纱厨”不仅是写周围的布置，也写出词人自身的清丽与柔弱，一个“又”字，一个“透”字，则写出词人那种期待呵护的情态，有着少妇隐忍不发的埋怨，让怜香惜玉者不觉情动于中，仿佛小提琴略带伤感的吟唱。

下阕开头，场景一下子开阔起来，把酒对菊，这时感受到的是“暗香”，与上阕中龙涎香的浓烈形成对比，满袖暗香，是寂寞也是自怜，更是精神上的自我期许，这是词人不同于一般思妇的地方。能够“东篱把酒”，是有寄托的，为什么会突然牵扯出“采菊东篱下”的陶渊明呢？其实，这里有一个隐含的主题，那就是“归去来”，所以词人有着不同于一般怨妇的硬气。她的学养让她能够站到人生更高的高度，用陶渊明的超脱去暗讽自己丈夫的汲汲功名。女性的柔美寂寞与文人的精神超迈在这里仿佛乐曲中“复调”般的曲式呈现出来，成为这首乐曲中一个明显的高潮。但是这个高潮不突兀，因为在高远的旋律背后，那个哀婉自怜的主题作为副歌，依然在下面衬托，使得作品有一个统一的审美格调。这就是李清照作为一个了不起的词人，在审美格调上拿捏得准确的地方。最后，哀婉之情再次成为主旋律，“莫道不销魂”，怎么看都有一种不容置疑的口气，在情绪上是对上一句的延续与承接。但是接下来，完全被哀怜自伤的情绪所笼罩了，而这种自伤和对丈夫的责备，则让李清照这样一个精神独立但又渴望情感呵护的文艺才女的形象，一下子立在人们的面前。

此外，帘卷西风，扣住上阕室内之景“人比黄花瘦”，又映带下阕“菊花”这一主要意象，这样的结尾，气象之完整，章法之谨严，让人叹为观止。所以，这是一首笔力强健的好词，与《声声慢》那种从内心流淌出来的语言相比，则不是同一层次的问题。

据说，赵明诚得到这首词之后，居然三天不眠不休，也想填词一阕来和自己的妻子一较高下，而最终败下阵来。这个赵明诚真的是一个不解风情的俗物！

我想说的主要意思则是，读诗词就如品茶，要品出丰富的情感层次，品出与众不同的人物形象，让彼时彼地的那个人栩栩如生地站到你的面前。

02 寂寞谈片

一

秦观有“新晴细履平沙”之句，我觉得好，这是典型的文人心态。忽然联想到郁达夫的《故都的秋》:“扫街的在树影下一阵扫后，灰土上留下来的一条条扫帚的丝纹，看起来既觉得细腻，又觉得清闲，潜意识下并且还觉得有点儿落寞，古人所说的梧桐一叶而天下知秋的遥想，大约也就在这些深沉的地方。”当然，也会有疑问，细腻、清闲了，为什么“潜意识下并且觉得有点儿落寞”呢？但凡对生活细节细细品咂，便会让人觉得寂寞，这是很“中国”的一种心态，这种心态古人叫作“闲愁”，就是“没来由的惆怅”。

古人生活节奏慢，所有的事物都是细细看、细细想、慢慢体会，不像现代人，急急忙忙，将生活过得潦草不堪。潦草，不是书法里的行草或者狂草，你看怀素的《告身帖》，一笔之间多少婉转，运笔是快的，心思却是慢的；潦草则不是这样，心思是峻急的，下笔是散漫的，有时其实并不快，但却匆忙而又凌乱。将生活放慢了，人就能从容地思考了：眼前事物不如意，就会想到已经逝去的种种美好；眼前事物美好至极，则又担心这种美好转瞬即逝。于是，那种惆怅的感觉就出来了。不过，从骨子里说，还是希望一切美好，而这种希望的根基就是对于将来的美好期许。这是有一种神完气足的自我精神在的。所以，文人喜欢这样的情状，实际上是因为在这样的闲愁里他才可以发现自己的精神。

二

陆游的《临安春雨初霁》里，有些话我很喜欢，比如“小楼一夜听春雨，深巷明朝卖杏花”以及“矮纸斜行闲作草，晴窗细乳戏分茶”，都是闲淡寂寞的好句子。据说，宋孝宗赵昚很欣赏“小楼”一联，但是终究也不能算是一个真正的解人。他说：“严陵山水胜处，职事之暇，可以赋咏自适。”纯粹把陆游当作一个吟诗作对的诗人了。

说到闲淡寂寞，在初夏的时光，是最适宜的。没有庭院，没有芭蕉，单有丝丝小雨，是不行的。庭院的意义是让你有一个既私密又廓然的空间，让你和四周既联系着，又可以独自面对自己；至于芭蕉，那是一种寄托，雨打芭蕉的声音是寂寞，看雨水顺着芭蕉点点滴落，仿佛滴在心里，更是寂寞。小朋友们常常问我，为什么文人那么热衷于“寂寞”呢？我的回答是，并不是寂寞本身有什么好，而是因为只有在寂寞的时候，一个人才能异常清醒地意识到自己的存在。

文人的世界有两层，一层是物质的，用来“安身”；一层是精神的，用来“立命”。什么是忙？物质世界纷至沓来，应接不暇，每个人的自我就在这个过程中迷失了。但是这对于一个靠自己的精神世界立命的文人来说，不啻致命之打击。而对于处于寂寞中的人来说，要反抗这种负面的情绪，就要不断向外看。但是，在向外看的过程中，无非看见了自己的内心和精神，而这恰恰是文人最以为自得的时候。所以，细致描写的背后，往往是一颗寂寞的心。

03 常建的半首好诗

《题破山寺后禅院》，是常建传世的最著名的一首诗，其中“曲径通幽处，禅房花木深”是脍炙人口的佳句。但是，我们读诗歌，对最脍炙人口的句子却往往不知道好在哪里。

先看这首诗：

清晨入古寺，初日照高林。
曲径通幽处，禅房花木深。
山光悦鸟性，潭影空人心。
万籁此俱寂，但余钟磬音。

“曲径通幽处，禅房花木深”，实际上首先是写实。晨光熹微，树林幽暗，这就给了曲径、禅房一个深色的背景。那条通向禅房的小路，于是在晨曦中明明灭灭，而禅房即在那明灭小径的尽头，在早晨的阳光下，花木茂盛，意蕴悠然。花木自在，不管你有没有意识到它的存在，它总是宁静而从容地在那里生生灭灭。那种兀自绽放的气度，让人既觉得温暖，又觉得凛然。

佛理有时候就是如此，它像花开一样温暖，但又有一种凛然于世的庄严。我们平时会说“法相庄严”，其实佛的真谛不过是借着法相传递给我们，并不是完全借助于法相；郁郁黄花，无非般若，其中同样有着凛然的庄严。你看，禅房深处的那一丛花木不随人的心意而绽放、萎谢，这是佛最伟大的地方。佛的温暖，不是为某个人而存在的，是因为佛本身就有着一颗温暖的心。懂得这一点，才真正能够通过思想的幽径直达本真的灵区。

也许有小朋友要问，常建真的想得那么深透吗？我认为一定不是的，只是那一天的早晨，当他在晨辉之中真真切切地面对那条小径，望着小径深处的花木，被感动、被眼角的泪水濡湿的时候，诗句便从他心灵的深处流淌而出了。你们难道没有发现，作为一首律诗，这个颔联没有对仗吗？我要说的是，有时候我们就是这样接受类似于“天启”的东西，一些景物没来由地，甚至是强硬地闯入，就在一瞬间直达你的心灵。然后，那些几乎让自己都觉得匪夷所思的句子，就这样从你的心间流淌而出了。

所以，这首诗的首两联是好得不得了的句子，好就好在自然本色，又意蕴充沛。

而一旦当他意识到作为一首格律诗，应该有所规约的时候，他的刻意完全阻碍了诗情的流露。“山光悦鸟性，潭影空人心”几乎是一种说教的口吻，至于尾联强调“寂灭”的道理，寒碜力怯，与“曲径”一联的浑然自得形成鲜明的对比。这首诗，前半首温润堂皇，后半首则气象局促。常建，应该也算是唐代很优秀的诗人了，但是要自始至终地保持某种艺术的“力量”，有时还是力有不逮的。可见，要成为一个有力量的诗人，真的是很难的一件事。

要保证一首诗整体情绪饱满，的确很难。比如，那个“温八叉”（温庭筠），算得上才高八斗，作了一首名动天下的《商山早行》，写了六句好诗，而最后“因思杜陵梦，凫雁满回塘”，无论是气格还是意蕴都显得羸弱不堪。有一天说起这首诗，我说：“晚唐气象局促，于此可见，换作老杜，必不肯如此着笔。”当然，常建的力怯是自身觉悟的问题，温庭筠的力怯则有时代审美大格局的问题，似乎不可同日而语。

04 物哀与天真

旅途降寒雨，

猿也想披小蓑衣。

这是松尾芭蕉的俳句，很能够体现他对俳句的理解，其中既有和中国诗歌相互联系的地方，也有区别于中国诗歌的地方，且一一道来。

首先讲同。

旅途、寒雨、猿，这是中国式的意象，即便是“蓑衣”也有“孤舟蓑笠翁”作为它的前响。所以，松尾的俳句里中国式的情绪是很强烈的。据说辽道宗（耶律洪基，辽朝第八位皇帝）请一个汉人给他讲《论语》，汉人讲到“夷狄之有君”的时候，怕道宗不爽，就匆匆带过，道宗却说：“吾修文物彬彬，不异中华，何嫌之有？”受中华文化浸润既深，不异中华，恐怕不仅是辽道宗的感受，也是很多日本文人的感受。日本文化中“物哀”是一个很重要的概念，质言之就是“触目伤怀”。但如果读中国的诗歌，其实我们也常常会陷入面对自然油然而生的那种生命易逝的悲凉之中。即便是那些旷达洒脱的诗句背后，我们依然可以感受到那种深入骨髓的怅惘。所以“物哀”的文艺观，实际上是夺胎于中国文化的。我曾说过，中国文化一分为二，士林文化是“悲感文化”，民间文化则是“喜感文化”。士林文化中的“哀感”借助于文字，直接影响了日本的文艺。

“寒雨连江夜入吴”，不管怎样标榜自己内心的澄澈，那种漂泊无依的感觉，还是因为“寒雨”而挥之不去。而“属引凄异”的“高猿长啸”，更是给人内心深处带来特别寂寞凄凉的感慨。“蓑衣”中既有隐逸的内涵，也有孤独的喟叹，这是熟读古诗的人所应该有的感受。所以，芭蕉的这首俳句，从意象的选择上，是很有“中国范儿”的。

再说异。

俳句中有着中国诗歌不曾有的诙谐幽默，这是很吸引我的。因为这不是中国古代那些端定了架子的文人能够做得到的。以前读鲁迅的近体诗，总觉得与古人的不同，渐渐地意识到，他的诗歌是受了“俳谐”的影响，所以味道和古诗不同。

“猿也想披小蓑衣”，很生动，很有趣，很天真（这是真的天真）。而“小”字里面所体现出来的俏皮，很好地化解了旅途的寂寥感。这是中国古诗中所不曾有的。

吴念真说：“中国诗的方式，不是冲突，而是反映和参照，诗不以救赎化解，而是终生无止的绵绵咏叹、沉思和默念。”但是在芭蕉的这首俳句里，有旅人嘿然的一笑，这是化解，是与中国诗人不同的地方。中国的近体诗，显得雅致、端庄，不太轻松。只有到了晚明小品的时候，这种轻松随意才隐隐地显现出来。但是，国仇家恨紧接着就来了，文人又要拧眉正身，作庙堂之态了。

看日本的小说或者电影的时候，你会发现他们身上有一种“傻气”，这是世故的我们所没有的，天真得有些匪夷所思。那种表情，即便是在寻常的日本生活中也是随处可见的。而这种“傻气”里天真的成分，是我们所没有的。或许这就是它吸引我的地方。

当然，日本人将这种傻气发挥到了极致，不管真假，表情总是那么夸张，这是我所不喜欢的，常常会让人觉得要么弱智，要么太装。但是芭蕉诗里的这些天真，却实实在在很动人。

05 《早秋》慢读

有朋友说解读诗歌的时候，我们是不是太自说自话了，其实作者当时也就这么一写，我们有时候是不是思量过头了呢？

我经常会遇到这样的质疑。

其实，这样的质疑也可以理解，我们阐释理论时往往比较注重追寻作者的本意，似乎发现了作者的本意就发现了整个世界。但是事实上，这件事情真的太难了。第一，除非你是作者本人，否则永远也不可能真的知道作者的内心究竟想了什么。作者有时候会有一些被称作“语言的陷阱”的东西，他常常会将自己的本意深深地埋藏在文字的背后，并且故意将读者引向岔路。第二，即便是作者自己，也未必真正理解自己说了什么以及为什么这样说。我们自己有时候是不是会有这样的感觉呢？作家不是神，他们不一定能够洞悉自己的每一句话、每一个词语的真正意义，就像我们不能够完全解释自己行为的动机与目的一样。

所以，首先我们要知道“文化”是有力量的，它有时候会在不知不觉中左右我们，让我们不能自已。其次，我们要相信“语言”也是有力量的。大多数时候，不是我们在驾驭语言，而是语言在驾驭我们：构词法、句法和更多不明所以的表达惯例，都在迫使我们进入既定的“语言的轨道”中去。当然，我们还要相信读者的人生阅历和阅读经验也是力量的，它会带着读者走进他们曾经的人生经验中去。

所以，我曾经发表过如下议论：“其实，读诗不必在乎作者怎么想，而是要按照汉语表达的规律去思考如何才能够最大限度‘榨取’其中的美感，让每首诗都能够‘物超所值’。”或许，这才是读诗真正的意义所在吧。

下面来读许浑的诗《早秋》：

遥夜泛清瑟，西风生翠萝。
残萤栖玉露，早雁拂金河。
高树晓还密，远山晴更多。
淮南一叶下，自觉老烟波（一作“洞庭波”）。

第一句：遥夜泛清瑟。我们发现“遥夜”是一个很有韵味的词语，不是“长”夜（表达时间的长短），而是“遥远”的夜，是空间与时间的微妙结合。中国文人最善于将时间与空间打通，实际上在我们的文化思维中，追求的不是世界的分割、分裂，而是圆融合一。循着这个思维去想，就很容易判断我们所遇到的人事物究竟是否具有中国味儿。“泛”字同样美妙，这里面有一个由小到大、由远及近的变化过程，很像墨水在宣纸上洇开来的感觉。虽然古书里有一个与“泛”有关的奇怪的词语（“泛溾”），本意就是声音微小的样子，但是似乎赋予这个字动态后更有味道了。这就是“物超所值”的表现。

第二句：西风生翠萝。这应该是最有歧义的一句，因为这一句话可以理解为“西风翠萝生”，或者“西风生（于）翠萝”，也可以直截了当地理解为“西风生翠萝”。第一种理解最合情理，秋风虽然肃杀，翠萝依然摇曳。第二种解释奇异但却充满诗意：肃然的秋风不知从何而来，但见翠萝摇曳，诗人断定一定是从此中而来。第三种解释就是照字面“硬解”，这西风催生了摇曳的翠萝。老派人物一定会对第一种解释欣然接受，因为既熨帖又有寄托。而在我看来，第二种解释实在可爱，割舍不下，因为这才是诗人应该有的想法，让寻常的事物有了不寻常的趣味。第三种解释也未尝不可，早秋的风虽有寒意但不乏温润，催生翠萝也不是不行，而且与人们心目中的“西风”迥乎不同，此时的秋风有着“早秋”别样的温柔。有刨根问底者发急曰：“究竟是哪一个解释呢？”我的回答是：你以为呢？

第三、四句：残萤栖玉露，早雁拂金河。这里的“残”字很有味道，黎明甫至，萤火显得零落凋残，同时秋风已起，萤之生命不久矣。“玉露”圆润晶莹，充满美感，与“残萤”形成对照，但是“朝露待日晞”，玉露最终的命运与残萤的命运大概也就是前世今生而已。表面上的对立和骨子里的一致，诗人对于生命的喟叹，是在他内心的最深处的。另一个有味道的字就是“拂”了，是轻轻地撩拨天地间的那番静谧安详，早飞的大雁也不忍惊醒了它。这一联动静之间，诗人对于人世间暂时的安静与美好的珍惜，对于易逝生命的叹惋，是挡也挡不住的！所有的美好有了悲凉的底子，那是何等的摇动心旌。

第五、六句：高树晓还密，远山晴更多。古人作诗不喜欢虚字，因为有了虚字，意象之间的关系就会变得明确，缺少飘逸朦胧的美感。但是有时候正因有了虚字，诗人的情态才变得格外动人。比如这里的“还”字，背后就有很多的意思。“还”是预料之外的惊喜，“晓”字隐含了一夜难眠的牵挂，秋风起了，满山的树木会不会黄叶飘飞呢？不过，毕竟是早秋，秋风还没有这样的力量，早晨起来，发现树木还是那样郁郁葱葱，而远方的晴空更是秋光烂漫，周天澄澈。这是这首诗歌里最华丽高昂的地方了。

第七、八句：淮南一叶下，自觉老烟波（一作“洞庭波”）。当你沉浸于暂时的欣喜之中时，且慢！你没有看见有一片树叶正悠悠地落下吗？秋天，毕竟是到来了。一叶惊秋，是《淮南子》里的典故。那片叶子因为“淮南”二字的修饰，就有了历史的厚重和人生的象征，虽然这样的掉书袋实在是大可不必，但凡是个文人，在那一片落叶面前都会有“淮南”之想。最后一句中的“老烟波”化自然景象为主观感受，这是诗家的惯有技巧。最后一句诗有不同的版本，“老烟波”表面上看更像“诗家语”，但是直白得像明清人的口吻，“洞庭波”较为蕴藉，但又落窠臼，则是晚唐人的通病。

这首诗整体上是一个大的陡转（颈联与尾联之间），但是首联和颔联都为这样的陡转做好了充分的准备，这是章法绵密的地方。难怪有人将许浑比附老杜，他们在章法的细密上果然有相似的地方。

以上是一个例子，说明一些诗歌的味道是要细细地“榨取”的。英国人泰瑞·伊格顿倡导“慢读”(《如何阅读文学》)，这里做个样子，大家看看这样读来是不是可以味道稍微多一点呢?

06 《春晓》的世界

《春晓》实在是太有名了，有名到很多人张口就来，虽然可能并不知道是谁写的。

春眠不觉晓，处处闻啼鸟。
夜来风雨声，花落知多少。

这是一个睡懒觉的家伙写的。春天因为气温适宜，所以睡眠质量会比较高一点，醒来的时候，天已经大亮。这个时候，躺在床上，听到四周鸟儿婉转。其实，作者躺在床上，怎么知道春天的美好呢？那是他的感受和想象，“处处”二字有趣的地方就在于，作者的耳朵仿佛长了翅膀，在天底下飞啊飞啊，四周的鸟声让他应接不暇。所以有的时候，睡懒觉应该也可以培养艺术想象力。

古人对于世界的感受，讲究“六入”，所谓“眼、耳、鼻、舌、身、意”，佛教以为这是人生烦恼的开始。但是我总在想，如果一“入”不入，人变成一大坨刀枪不入、水泼不进的东西，会有意思吗？古人的妙处是充分运用各种感官去感知周边的世界，站着、躺着都能够感受到大自然的美妙，而这一切的关键是有一颗善于感知周围世界的心。

就在他沉浸在对春天美景的想象中的时候，忽然隐约想起，好像昨晚上刮了一点风，下了一点雨，于是他牵挂起枝头绽放的花朵，一夜的风雨，不知又有多少枝头的花朵被风雨打落了呢。一种隐隐的担忧油然而生。有人会问，孟浩然怎么就想到枝头的花朵了呢？其实，第一句不但点明了季节，也让我们产生了一种惬意的感觉。所有关于春天的美好记忆都被他的一句话而激活了。在这样的心情里，再来看第二句的鸟声，我们很自然地会在眼前浮现出一幅繁花似锦的画卷。所以接下来三、四句的联想，也就在情理之中了。所以，好的诗文，就像水流一样自然。

有一个词语叫作“多愁善感”，其实不对，应该是“善感多愁”，就是因为作者特别能够感受周围的世界，所以才会有这样的感伤。大家都知道春天的美，但是是否知道，春天又恰恰是诗人最感伤的时节。就像这首诗的作者，对于落花有着格外的怜惜，就好比我们喜欢一样东西或者一个人，不许它或者他有一丝丝的被伤害。如果结合孟浩然这个人来说，就会发现，他是一个悲情的人，对于山水有着格外的敏感。他另外一首特别著名的诗《宿建德州》，也是对黄昏有着特殊的敏感，内心因此有了一种悠远的惆怅。孟浩然对于人事其实也很敏感。据说有一次，他在好朋友王维的家里，遇到玄宗忽然到访，他躲到了床底下，后来被叫出来引荐给皇上。他作了一首诗，其中有一句是“不才明主弃，多病故人疏”，玄宗听了很生气，说你不见我，我何尝抛弃你？于是就把他打发去隐居了。我觉得这件事情有几个问题：第一，玄宗因为一句诗而放弃了一个人才，实在不能算是有雅量；第二，孟浩然这么说，或许也是彼时彼地切实感到了自己的人格没有受到尊重而自然流露。我们与人相处，有时候是不是也可以凭借第六感而感受别人对自己好或者不好呢？孟浩然是多么敏感的一个人，这点冷暖他应该是能够知道的。所以，我也很怀疑王维当时是不是也有怠慢他的地方，因为一个落魄而有才的人往往是很敏感的。

回过头来说这首诗，我们说中国艺术不太喜欢直接和直白，总是要绕一个弯子，我们称为蕴藉含蓄。就像中国人喝茶，最推崇的就是茶的味道要一层一层地出来，而且最好的味道还应该有一点“转折”。茶，刚刚入口是苦涩的，但是渐渐又有了甘甜，甚至于齿颊留香。《春晓》也是如此，“春眠不觉晓”是浓睡之后的愉悦，“处处闻啼鸟”则是对于生机盎然的景象的一种切身感受。作者似乎已经欣然起身，想要投身美好的春光。这时却诗味一转，一下子又有了落花的感伤，甚而至于有了对时光流逝、生命易逝的感慨。一首小诗里面，感情如此深沉，变化如此丰富，可谓方寸之间见世界。

07 读《击壤歌》

日出而作，日入而息。

凿井而饮，耕田而食。

帝力于我何有哉！

据说这是唐尧时代的古歌。

如果说从艺术的角度看，这首诗似乎也没有什么特别的味道，但是别忘了，最早的诗歌首先是音乐，音乐最早是怎样的，现在无从考据。再说许多质朴的民歌本身也未必有多少文艺的腔调。我们研读古代诗歌的意义，大概有三：一是史料价值：或者是某种类型的首创，或者记载了重要的历史事件；二是文学价值：在情感表现上可圈可点；三是情感特点：在一些情境中，人类可能有其他的情感和心理，这可以作为人类学、心理学的参考。当然，有些诗是兼而有之的。这首《击壤歌》大概是属于有史料价值的一类吧。

这首诗歌充满自给自足农耕经济的自豪感，很有意思的是其中的宗教观念。

目前通行的版本对于“帝力”的解释大多莫名其妙，以为是“君王的统治”。如果这真的是唐尧时代的诗歌，当时处于氏族社会的高级阶段，大概还不会有帝王的思想。按照甲骨文或者金文的考证，“帝”应该是“花蒂”之意，最早应该和生殖崇拜有着密切关系，这几乎是民族学的通论。所以，这里的“帝力”应该是类似于“神力”的东西。

人类早期服膺于万物有灵的宗教，但是在这首诗歌中，日月有着自己运行的规律，凿井、耕田是和天神无关的自主行为。这是很高级的认识。而且，诗歌的最后一句直接对“神力”提出质疑，这是很厉害的，表现出了极强的自我意识。几千年前，人类还处于懵懂状态，中国人就能如此清醒，智力发展水平之高，令人感叹。所以，这是一首充满自豪感的诗歌，是人的自觉的宣言。

但是，如果真的是写在那个时代，又委实有些可怕，因为在人类文明的早期，居然有这样成熟的思想，好比是一群天真烂漫的小朋友在玩游戏，其中一个小朋友站在一边，鼻子里冒出冷气，说道：“你们觉得这样有意思吗？”童年就应该干童年应该干的事情，如果不是这样，少年老成有时就会让人生厌。马克思在《政治经济学批判导言》里将古希腊文明和中国文明进行比较，认为古希腊文明是正常儿童，而中国文明是“早熟的儿童”。这首诗大概可以当作对马克思论断的注脚吧。

08 说《弹歌》

断竹，续竹。

飞土，逐宍。

这是《吴越春秋》中记载的一首古歌。

如果我们相信这个出典不谬，这首诗就真的很早了，据说是黄帝时代的古歌。

其实，翻译过来本身的意义不是太大：做弹弓啊，做弹弓；尘土飞扬多欢忙，我们追逐着好食粮。

不过，从诗歌艺术的角度看，还是有些意思的。诗歌怎么看？既然是“歌”，除了内容以外，我以为旋律和节奏很重要。旋律是情感的起伏，节奏则是句子的长短——这只是从表面上说；如果从深层的角度看，句子内在的张力和意象出现的频度、意象的交融和并至等，都可以构成心理上的旋律和节奏的变化。

好了，就来看看这首诗吧。

第一，我觉得有一种质朴的幽默。为什么这么说呢？我们看“逐宍”，其实可能正在追逐一头野猪，或者一匹原狼，但是在那些嗷嗷的“野人”看来，哪里是一头头野兽，简直就是一块块即将到口的吱吱冒油的肥肉。你看，多么有趣啊。那种迫不及待的表达，是不是很好玩。有时候，我会想到大家看的卡通片：原野上尘土飞扬，一头野猪在前面跑啊跑，跑着跑着，一头野猪变成一块块肥肉在前面颤颤巍巍地跑，后面那个猎人在后面拼命地追啊追。

第二，氛围。短句，短到不能再短的句子，造成一种跳跃感。比如，我听的莫扎特的《魔笛》序曲，节奏蹦蹦跳跳的。这种跳跃感就是节奏，短促的节奏既可以表现紧张感也可以表现欢快感。这首诗是两者兼备，为什么这么说呢？追逐狩猎一定是很紧张的，同时又那么幽默，说明他们的心态是很愉悦的。这也说明在那个阶段，狩猎的成功率很高，大家信心满满，觉得满地跑的野兽都是嘴边的肥肉。

第三，章法。唐代的绝句常常有这样的技巧，前两句不露声色，起到抑制大家情绪的作用，后面两句意态飞扬，一下子把人的情绪激发到最高点。后来，作诗大抵上也是这个路数。《红楼梦》里，王熙凤为诗社开篇说了一句“一夜北风紧”，薛宝钗借题发挥，说了这样“平平道来”对于整首诗发展的意义与价值，真的是内行人说内行话。本来以为唐人很厉害，读了这首诗，才知道这样的结构方式是上古时候就已掌握的。前面“断竹，续竹”不过是说了做弹弓的过程而已，而后面两句就很带劲，一点不拖泥带水，干净利落。

好了，这首诗就是这样的。

09 《望庐山瀑布》：李白的不得了

很多人知道李白厉害，但是实际上绝大多数人是在先知道他厉害之后才读他的诗歌的，所以有一种先入为主的见解，人云亦云就是必然的。有些诗好，是公认的，但是这种公认是不是也有人云亦云的成分呢？

比如《望庐山瀑布》：“日照香炉生紫烟，遥看瀑布挂前川。飞流直下三千尺，疑是银河落九天。”连一向自持得要命的苏东坡也止不住夸赞，但是终究是外行看热闹，内行看门道，这首诗究竟好在哪里，还是要费一番口舌的。

首先，真正的诗人，一定是有整体意识的。有的人锦言绣句，但是正如后人评论吴文英的词所说的那样，“如七宝楼台，眩人眼目，碎拆下来，不成片段”。李白的这首诗，是整体美。为什么这么说呢？且看——

第一句“日照香炉生紫烟”。你可以去考据“紫烟”之类的出典，但即便不这样看，第一句也是“仙风道骨”。庐山之神奇，为瀑布之出人意表的壮丽奠定了心理基础；下文原本“俗”的喻体，因为有了这样的心理前提，也就不俗了。

第二句“遥看瀑布挂前川”。因为遥看（观察景物当然是由远及近的），所以无法看清瀑布的动态，而专注于写瀑布的完整形态（它的体积感）。“挂”字何等天真烂漫，将瀑布比作晾竿上挂着的白布，是一个很俗的比喻，但是却不矫情，和“前川”放在一起，又有了别样的气势——那是多大的一匹布啊！注意，这里专注的是瀑布的“静态”。

第三句“飞流直下三千尺”，则写动态，“飞”“直”是着力于速度的，“三千尺”是着力于高度的，这里唯独没有写整体的体积感，为什么？因为近距离观察的时候，完全被水声水势慑服，决计是不能定心观察它的体积感的。

第四句“疑是银河落九天”。一句总摄全篇，“银河”自然是仙气所在，又有着巨大的体积感，而既然是“河”，落于九天之外，这种速度与高度是可想而知的，这一句话将前面三句笼罩起来。读《源氏物语》时，读到内大臣庶出的女儿所写之诗时，紫式部评价说：“本末不称。”（我不懂日语，这是丰子恺先生的翻译，也可能日语就是这样表达的）当时我不懂何谓“本末不称”，现在谈到李白这首诗，知道“本末不称”就是“前言不搭后语”，而李白这首诗是“本末相称”的典范。

看似随意挥洒的四句诗，却有着这样完整缜密的结构，而李白不是“吟安一个字，拈断数茎须”的人物，这样想来，他是不是很了不得？

其次，真正有才的诗人，是不肯装的。天真自然，是做人的最高境界。掉书袋这种事情，不是李白这样的脱略洒然的人物肯做的事情。比如，有人会去考证“紫烟”的来历——据我所知，郭璞的《游仙诗》里大概有“驾鸿乘紫烟”之类的诗句，但是不必把我们的视线引向郭璞或者其他什么人。为什么呢？“紫烟”如果巧妙地与“香炉”连在一起，实在是贴切自然得不得了的。李白骨子里那种敏锐的观察力和发自内心的幽默气质，不知道诸君是不是能够感受得到呢？而其敢于用俗言俗物入诗的自信，则是绝大多数文人所不敢妄想的。

再次，我们读到的绝句，大多数有一个比较固定的范式，那就是前两句铺垫、渲染、比衬（辅），后两句直破主题，或惊心动魄或意味深长（主）。但是李白这首诗，总起一分说一力括，结构上迥异于其他诗，是对范式的革命。如果我的这个结论不遑巨谬的话，则足以想见李白超越时代的才情。

现在诸君不妨看看，李白是不是很不得了呢？

10 读诗须“字字不放过”：从老杜两首诗说开去

我对于杜甫一些“口号”式的诗基本无感，像“北极朝廷终不改，西山寇盗莫相侵”之类的，即便是其中写得比较好的《蜀相》，也只是觉得“映阶碧草自春色，隔叶黄鹂空好音”一联还不错。这里主要说说“自”“空”两个虚词所表现的情感。

中国文化比较强调自然环境与个人情感的契合，但是有契合自然就有矛盾，诗人很注重将这种矛盾展现出来，以促发读者更深的情感体验，比如“伤心碧”“离离原上草”之类。所以，“自”中有诗人对自然界不解其情怀的埋怨：“映阶碧草自春色”，庭中春色怡人，一切欣欣向荣，但是诗人内心深处却无限落寞与伤感。

这里不仅是反衬，还应该读出诗人对自然界的埋怨之情，这样诗人的形象才能够活灵活现地展现在人们面前。每当这个时候，我总觉得诗人的那点任性很可爱，他要不开心，就希望整个宇宙都和他一起不开心，如果没有遂了他的心愿，他就会生出对于周遭景物的怨怼之情。这与悟道是不利的，但对抒情却大大地有利。

而“隔叶黄鹂空好音”一句中，妙处自然就在于“空”字。我们常常说“乐景写哀情”，但却只是谈“乐境”或者“哀情”是什么，对于究竟怎么去“写”，一般说得不多。

隔叶黄鹂的鸣叫，只是对于眼前景物的记录，但是有了一个“空”字就是抒情了，这就是语言的“魔力”。“空”字里有许许多多的“潜台词”：好的声音自然应该是有听者欣赏的，如今声音虽好知音却无，这是多么令人感伤的事情！

诗人总是将世界想得太美好，并且将这种美好视为理所应当。当现实不如他们想得那样美好的时候，他们就会有各种哀怨与叹息，诗意也就在其中得以体现了。所以，诗人骨子里应该是孩童，天真不世故，才能够成为一个好诗人。反过来，如果内心本就黑暗，视一切恶毒为必然，对世界种种不平也视为当然，自然不会有所怨怼，也就没有需要抒发的不平之情了。这样想来，我们有时候真的不能抱怨诗人的冬烘，在这样的天真面前，我们是不是显出了自己的市侩气呢？

忽然想调皮一下，设若将这一联中“自”与“空”调一下位置，情形又会如何？当然是不协平仄的。但既然只是一个游戏，也不顾这些了：映阶碧草“空”春色，隔叶黄鹂“自”好音。这似乎就成了一首半吊子的禅诗。

说它是禅诗，是因为它正努力向世人传递一种“空无”的消息：春意荡漾，因缘际会，既是因缘，无有实相，故而为“空”；黄鹂音好，缘起心境，本无等差，所以是“自”。说它半吊子，实在是因为这是强聒不休的说理，并不是一种如“华枝春满”般自得的觉悟。

说到对字的推敲，我想到《月夜》里“今夜鄜州月，闺中只独看”中的“独”字。

其实，这个“独”字应当作两层看。第一层，诗人不在妻子身边，妻子自然只能一人“独”看，这只是字面的粗浅的意思。但结合下一句“遥怜小儿女，未解忆长安”看，这个“怜”并不是针对“小儿女”的，而是针对自己的妻子的，这句话应该是：遥怜 / 小儿女未解忆长安。儿女太小尚不懂思念远方的父亲，犹自嬉戏打闹，此情此景不是更增添了妻子的孤独寂寞之感吗？他爱怜的是独自抚养着不谙世事的小儿女的妻子。这是“独”的第二层意思。

第一层是从自己的角度说的，第二层是从对妻子体恤的角度说的，而第二层尤其能够打动“灶下婢”的心，因为它表现出男人对于女人的“懂”。而那个“只”字，则让这种爱怜得以强化。杜甫真的是一个能打动女人心思的“暖男”“知心爱人”。虽是说笑，但其中的深情厚致，真的让人动容。

由上而得出的结论是：诗歌既然是凝练的艺术，那么就应该字字不放过，深入每个字的背后，进入诗人的精神世界，这样读诗才能够真正地为诗人的情怀所打动。

11 《山行》：妙在深深浅浅处

《山行》是杜牧的名诗，在中国几乎是家喻户晓。但问题是，究竟好在哪里，却不是人人都能知道的。中国人的精神世界，往往是古井微澜，如果没有一点慧心，有时候真的没法了然。含蓄蕴藉是一种非常难得的境界，妙就妙在深奥的思想总是能够通过最浅近的方式来表达，这时候浅近也就变成了深奥。我们先来看这首诗。

远上寒山石径斜，
白云深处有人家。
停车坐爱枫林晚，
霜叶红于二月花。

这首诗的第二句有很多的版本，比如有一个版本是"白云生处有人家"。我其实比较喜欢这个版本，因为"白云生处"仿佛缭绕的白云就"诞生"在那里，有一种飘渺的仙气。这是汉字的妙处。作者远上寒山的目的，就在于为白云生处的人家所吸引：超脱凡尘、隐逸恬然，这是许多文人内心深处的理想。而一个"远"字、一个"斜"字突出旅途并不容易，虽然道阻且跻，却并不影响诗人寻访世外桃源的决心。

然而，这样坚定前行的脚步，一下子却停了下来，为什么？因为被枫林晚景打动了。大家都知道，秋天经霜的红叶是分外妖娆的，诗人也情不自禁地赞叹"霜叶红于二月花"，比春天的花朵还要红艳。其实，中国人的审美是很注重整体感的，一朵红花美不美，很难判断，必须和天气、背景、心情等很多因素结合起来才可以。这样的思维方式更关注物与世界的关系，所以在中国的美术里，少有对物本身的精细描绘（宋朝的时候例外）。这堪比春花的枫叶，之所以那么吸引诗人，其实是和“寒山”相关联的。没有了“寒山”这个底子，二月花一般的红叶是不是显得过于艳俗呢？以前，我写文章讲过中国的审美问题，以为“底色”是很要紧的，所谓深沉和悠远，其实都是在内底里的，这是中国文化最有意味的地方。所以，并非红于二月花的枫树叶好看，而是“寒山中的红叶”好看。

每每去过香山的朋友都会跟我抱怨说：香山的红叶一点儿也不好看。的确，混在杂沓的人群中间，看被灰白色的天空映衬着的红叶，只会觉得杂乱和颓唐，是决计没有那种响亮爽朗的意味的。但是设若在一个秋日爽晴的天气里，最好是下了些霜的早晨，一个人走在香山的山道上，四周静寂，唯鸟声啁啾，这时候你看满山的红叶，即便没有那么明亮，也足以动人心魄。这就是“底色”的重要性。

这样一想，这首诗前两句就显得非常重要。若没有“寒山”作为背景，没有关于“白云深处”的人家的悬想，这红叶能够如此打动诗人吗？

另外一个重要的方面，就是这个“晚”字。黄昏时分，实在是中国人最富有诗意的时刻。所谓“日之夕矣”，所谓“日暮乡关何处是”，黄昏总是和温暖的归家的感觉联系在一起的。而如果这个诗人正好离家漂泊，或者人生失意，那么这种对于温暖的记忆又会引发他的种种惆怅与伤感。而现在，这给人温暖感的夕阳正斜照在枫叶上，让红叶闪闪发光，是那么宁谧、那么安详。此刻，自己的心灵会变得异常安适，“无所求也无可怕，像小儿安睡在摇篮里”。这种恬然安适的心情，实际上和诗人寻访隐逸远离尘嚣的目的是一致的，所谓求仙问道不如就在当下。这大概就是这首诗的好处。

其实，从这首诗还能够想到《世说新语》里记载的王子猷雪夜访友的故事。一天夜晚，王子猷忽然想到自己的好友，于是急忙雇了船顺流而下，但是到了好友家门前，他却急命返航。舟子不解，他说“乘兴而来，兴尽而归”。《山行》其实也表现出这种率性自由的人生态度，驱车登山，或许是为了寻访山中高人，但是当美景在前，其实也不必急急赶路，尽情欣赏，也不失为一种通达淡然的人生态度。

想想我们奔忙的人生，是不是有时也可以为我们身边的“枫林晚照”而驻足呢?

12 好诗不易得：张咏《访人不遇》评点

宋朝人写诗其实真的很不容易。为什么呢？因为唐朝人的诗写得太好了。什么是好的诗歌？如果问文学批评家，他们一定有很麻烦的解释。但如果简单一点地说，就是能够让你的心因为这样的诗歌而“咯噔”一下，然后莫名地快乐或者悲伤起来。这样的诗无论如何都是好的。唐朝人很会写诗，而且将诗歌创作推到了一个很高的水准，这就给宋朝的诗人出了难题。大家诗歌鉴赏的水平随着创作水平的提高而提高，对于诗歌的期望值也就提升了。你的诗歌如果不能为如此挑剔的读者所接受，你都不好意思拿出来让人欣赏。

所以，宋朝的诗人开始讲“理”，发表议论，也是不得已的套路。“情趣”上不能和前辈一较高下，就在“理趣”上下功夫，殊不知，讲理并不是诗歌的强项，所以宋朝的诗歌就显得有些羸弱。不过，也有一些诗人能够写出具有唐代风格的诗歌，但是既做人后，自然不成气候，关键还是被唐人框住了手脚。曾读到张咏的一首诗《访人不遇》，觉得很值得说一说。

旧径莓苔合，儿童独闭门。
踏霜归远店，凉月照空尊。
雁响蒹葭浦，风惊橘柚村。
知音在何处，凝寂欲销魂。

张咏是个了不起的人，他是中国历史上“钞票”（宋代称为“交子”）的发明者。英格兰银行的院子里至今种着一棵桑树，据说就是为了纪念中国人发明纸币。这首诗有晚唐时萧索落寞的气象，顺便说一下，这种萧索落寞的气质，被后人定义为“文艺”。似乎文艺就应该是这样落拓的样子，其实这是后人将文艺看得狭隘的结果。

这首诗写的是访友人不遇之后回旅馆路上的感受，很多细节写得很有意味。比如首联，一句话就把“访人不遇”的意思都写完了。首先是“旧径”，隐含了“访”“友人”的意思，也暗示了“不遇”的意思。这就是汉语美妙的地方。旧，就是曾经来过，也有敝旧荒芜的意思，既提供了信息，也表达了情感。而“莓苔合”也就是久无人迹，则更增添了这种荒凉感。儿童独闭门，一个“独”字，将友人不在、怅然而回的意思申述完毕了。它既破题入扣，又富有意境，而且起笔就有一种情调，实在难得。但是如果细思的话，我觉得似乎有不合情理的地方：旧径长时间没有人踩过，说明主人不在，而且也很久没有访客了；但是主人既然久不在家，那个独居的童子是怎么回事呢？如果童子在家，自然是要进进出出的，那么“莓苔合”又没有了落脚处。这就很费猜详了。我以为这就是宋人讲究诗歌的章法，急欲在首联破题造成的问题，为“意”造“境”，已经不是圆融自然，而是刻意营造，这就是唐人和宋人的差别。艺术有了套路之后，技巧再高明，也会沦落为技艺或者手艺。

这首诗的颔联和颈联都写得比较有味道。店是“远”的，月是“凉”的，踏霜说明诗人一大早就来到友人家，其急切心情我们自然可以想见，但是却没有能够遇上，然后又踏霜而回。一个“远”字，把其中的失落之情表达殆尽。而凉月，既表明时间，又暗示时令——几乎一整天都因为访人不遇而怏怏不乐，更何况是在那样一个月凉如水的深秋时节。“空”字，既是酒樽实景，也是诗人内心的写照。而更具情绪性的是“雁响蒹葭浦，风惊橘柚村”，如果说“踏霜”到“对月”，体现了一定的纪实性的话，那这一联就纯粹是用画面来抒情了。

风致，真的是一个好词，这些东西看不见摸不着，却又真真切切地让人感受得到。中国文学的好处，就是将这些心中有口中无的东西，变得那么真实，仿佛触手可及。比如“雁响”，在一个宁静的背景下，一只大雁的鸣叫破空而来。大雁这个意象本身所具有的文化意蕴，再加上宁静背景下的一声长鸣，如果你是一个敏感的人，或许会为此而流下两行清泪，更何况还有一个“蒹葭浦”。蒹葭，已经不再只是芦苇的别称（我认为根本就是两样事物），它具有了太多的诗意的象征。而“浦”的特殊的地理位置，让人有许多生命的感喟。所有这一切，让这种悲凉具有了形而上的意义。而后一句的“风惊橘柚村”，最传神的莫过于“惊”字，它几乎可以和杜审言的“独有宦游人，偏惊物候新”中的“惊”字相比肩，都是那种忽然意识到生命消逝的刺痛感，只不过是一个在春天，一个在秋季。橘柚累枝，原本是一个美好的形象，但是在“雁响蒹葭浦”这一前提下，这橘柚累累的景象只让秋风感到惊瞿，其实就是让诗人的内心感到惊瞿。这是将生命无穷的感慨化为两个具象的场景，对场景本身理解的开放性，赋予诗句更丰富的情感内涵，让这两句诗更有韵味了。这就是所谓的“风致”。

至于最后的两句，我分明能够感到作者的词穷，显然是用尽心力之后的颓唐与敷衍。它让整首诗的内涵一下子降低了许多。为什么这么说？因为它将本来更开阔、更朦胧、更多义的情境一下子坐实了，诗也因为主旨一下子明确而显得无趣起来。作一首好诗，有时候就是这么难。

好在张咏也不指望自己留名诗坛，因为作为一位经济学家，他已经够了不起了。

13 心中都有的那滴泪:《锦瑟》再解

锦瑟无端五十弦，一弦一柱思华年。

庄生晓梦迷蝴蝶，望帝春心托杜鹃。

沧海月明珠有泪，蓝田日暖玉生烟。

此情可待成追忆，只是当时已惘然。

李商隐的这首诗，不知道被多少人解读过。有人说是爱情诗，有人说是感怀诗，也有人说是政治讽喻诗，聚讼纷纭，不一而足。

但是，如果我们真的深入诗中，把握诗本有的意脉，就会有更简单、更有说服力的解释。

首联，作者借助锦瑟的琴弦发出生命的感慨：每一个弦柱，每一根琴弦，都是岁月的象征。据说，古代的瑟最早是五十根弦，但唐代的人普遍认为瑟应该是二十五根弦，五十根弦是不可理喻的。而这种不可理喻，在李商隐看来，正好比自己无法言说的人生，“无端”二字中有着岁月虚掷的喟叹，对于这样一段岁月，作者是无法忘怀的。而这种无法忘怀又感到失落的人生感慨，不是没有来由的。所以，在接下来的诗句中，作者将自己内心的矛盾展示在了人们面前：一方面，人生有着不可言说的幻灭感，就像庄子那著名的迷惑一样，无法说清，究竟是自己变成了蝴蝶，还是蝴蝶变成了自己；另一方面，不断地追寻之后，一旦发现追寻的所有意义都失去的那一刻，所有的人大概会发现自己的人生陷入了一种幻灭之中吧。但就算这样，内心总还有那么一点不忍心放弃的东西，就像杜鹃嘴角的那一滴鲜血，殷殷地渗出来……

沧海距离诗人应该是遥远的吧，但贝壳上的那滴泪水不管有多远，都滴落在了作者的心间——那遥不可及的距离，让那滴泪发出如夜明珠一样的光亮，而那温润的珍珠的光亮，不管有多美，总归是一滴泪……这是遥远所带来的苦痛。那在身边又如何呢？就如蓝田，不就在作者日日经过的长安的近郊吗？但是那里深埋的美玉，在暖日的照耀下，只能用氤氲的烟岚来表达自己的存在。它近在咫尺，甚至我们能够感受到它的存在，却又无从追寻。什么是可望不可即？大概就是这样美丽而让人伤感的山岚吧。

所有这一切在追忆中化为苦涩的醇酒，让人沉醉又让人流泪。但是曾经那个遥远就在眼前，那个不可即的所在就在自己手边的时候，我们又都做了些什么呢？人生的悖论就在于，一切意义总是在它失去的时候才显现出来。

这样的感伤，可以关于爱情，可以关于政治，也可以关于作者所执着钟情的一切。而我们所能够感受到的，应该是生命中的那些追寻与失落背后的伤感吧。这种伤感，是男人在人后偷偷用手指弹落的那滴泪，而那样的泪绝对只有一滴，一滴而已。

这就是《锦瑟》展示给我们看的李商隐的内心世界。我常常在想，我们太把李商隐看作一个“古代”的诗人了，用古典主义的文艺观去解释这首诗的时候，总是关注意象与意象之间的联系，一直在试图建立锦瑟、庄生梦、杜鹃血、夜明珠、蓝田玉这些物象间的逻辑关系。但是在这首诗中，这种关联恰恰不是在意向层面的，而是在情感层面的。其实，这样的情感之间的关系有着非常明显的逻辑关联：感叹人生—幻灭与坚守—怀念与分离—追忆与感怀，这是一条多么清晰的逻辑线条，而那些意象只是作者情感的象征物而已。只是，我们很难想象李商隐在公元 9 世纪的时候，已经能够非常纯熟地运用西方人在 19 世纪才使用的象征主义的手法与技巧。面对《锦瑟》，我们是不是真的会产生一种穿越之感呢？

14 唐诗里的一个公案

崔颢的《黄鹤楼》与李白的《登金陵凤凰台》孰优孰劣，一直是一个公案。一种说法是，李白的诗与崔颢的诗之间是“勍敌”（彼此相当），有人认为李白的诗“短气”（《艺圃撷余》），有人说崔颢的诗“格胜”而李白的“调胜”。总之，古人大多喜欢只提出结论，不太注重论证，因为中国古代的文论是“印象主义”的。既然古人没有一个定论，我当然可以发挥一下，谈谈自己的看法了。先看看这两首诗。

黄鹤楼

崔　颢

昔人已乘黄鹤去，此地空余黄鹤楼。
黄鹤一去不复返，白云千载空悠悠。
晴川历历汉阳树，芳草萋萋鹦鹉洲。
日暮乡关何处是，烟波江上使人愁。

登金陵凤凰台

李　白

凤凰台上凤凰游，凤去台空江自流。
吴宫花草埋幽径，晋代衣冠成古丘。
三山半落青天外，二水中分白鹭洲。
总为浮云能蔽日，长安不见使人愁。

据说李白读到崔颢的诗，非常郁闷，说“眼前有景道不得，崔颢有诗在上头”，但是争强好胜的李白还是按捺不住，在金陵写了这样一首，连韵脚都是一样的，才算是了了心中一件恨事。但就我的阅读感受，我其实是更喜欢崔颢的。原因可能也很私人，因为在人生追求上我和李白并不是一路人。李白一辈子都矻矻于功名，所谓“大道如青天，我独不得出”的感慨是由衷而真诚的，而我觉得自己要淡然得多，更加随遇而安一点，所以李白的“长安不见使人愁”并不会引起我太多的共鸣。

从思维模式上说，这两首诗其实差不多，都是采用了很“中国”的思维方式。在中国人看来，永恒的自然是我们生发人生感慨的源头：越是感受到自然的永恒，就越能体会到生命之短暂、人事之匆促。这一切的源头都来自孔子最文艺的一声叹息：逝者如斯夫，不舍昼夜。不过感叹完了，得出的结论并不一致，有的人觉得人生短暂更应该“及时当勉励”，有的却认为应该“付诸清风明月”。其实，崔颢与李白的追求本就不太一样。在李白一边，是功名不能成就的焦虑；在崔颢一边，则是有家归不得的无奈。一个是渴望出发，无奈道阻且长，前途渺渺；一个是不如归去，却身不由己，不知乡关何处。

两首诗在展开的过程中也有微妙的差异。比如，崔颢与李白在颔联和颈联的设置上虽都讲了人事之短暂与天地之永恒的对立，但是顺序不同。在崔颢的诗里，首先是白云千载所表达的宇宙之无穷，然后才是汉阳树和鹦鹉洲的人事印记（汉阳树、鹦鹉洲）；李白的诗则恰好相反，先说人事之仓促（埋、成），再说自然之永恒。这是两种逻辑推理过程：一个是天地无穷，而人事渺渺，多少当时英雄，如今只留仅堪凭吊的古迹，一切努力随风而逝，所以不如归去；一个是人事固然匆促，但天地永恒，当可容我纵横，所以更应有所作为。于是，一个想着不如归去，一个因为不见长安而焦虑不安。所以，不管是怎样的诗人，他在展开自己的诗句的时候，一定是有自己的推理过程的，抒情也是讲理的（虽然这样的“理”并不像1+1=2那么直接显豁而已）。

李白的这首诗还有一个公案，就是“一水中分白鹭洲”还是“二水中分白鹭洲”。从考据的角度看，白鹭洲为秦淮、扬子二水的分界，自然应该是“二水”更恰切，但是“三山半落青天外”中的“落”字是一个主动的动词，写出了山色之微茫；“一水中分”的“分”字是个被动的动词，写出了水流之无奈，既有内在的对立，又有一种沧桑在其中，更有情致。古人抒情往往心思奇妙又直搔人痒处，非今人所能也。所以，我认为“一水”更好。

就尾联而言，我爱死了崔颢的那一联。“日暮乡关何处是，烟波江上使人愁”，是哲学最好的表达。我们活在这个世界上，谁不是漂泊的旅人，对于那个温暖安详的家园的向往，应该是每个人内心深处的柔软与哀伤。德国的施莱格尔说：哲学就是怀着甜美的乡愁寻找家园的冲动。他说得虽好，但哪比得上崔颢这么文艺呢？

15 且开且落的寂寞

初春的时候去了北京，在城东雨儿胡同齐白石故居的庭院里，我见到了尚未绽放的辛夷花，绒绒的花萼，在阳光下闪闪地亮着，给人一种初春温暖的感觉。我和妻子在花下站了许久。第二天，我们就回了上海，上海反倒湿冷，浑然没有那种初春的暖意，这真的很奇怪。

辛夷花初出的时候，花苞尖如笔椎，周身毛茸茸的，有些像小鸡小鸭身上的绒毛，温润而可爱。等到开花的时候，其花朵则很像芙蓉花（莲花），有时候非常烂漫，如若开得满山满谷，想想都令人神往。看着庭院里勃勃欲发的辛夷花，自然就想到了王维的诗《辛夷坞》。

木末芙蓉花，山中发红萼。
涧户寂无人，纷纷开且落。

唐诗往往不太在冷僻的意象和句子上下功夫，常常能够用质朴的诗句表达有意味的情趣，就好比一个美人并不太过于关注自己的服饰妆容，有时候不过是随随便便的一立，就有了说不尽的风致与韵味。王维的这首诗就是如此。总体来说，这首诗是一种大开大合的节奏，前两句有着说不出的欣喜，后两句则是掸不掉的落寞。

“木末芙蓉花”：树梢开出芙蓉花。莲花是草本植物，无论如何不可能从树上长出来，诗人却偏偏说树梢长出了芙蓉花，这是一种天真的像儿童一样的心态。这种心态真的很动人。有一次在路边看见一只气球挂在树上，旁边一个小孩惊喜地对着自己的妈妈喊道：“妈妈，妈妈，树上长出了一只气球！”不过，像“木末芙蓉花”这样有趣、好玩的句子，因为是名诗，被人不断地读着背着，反而我们今天读的时候没有了那种“真好玩”的心情，倒是外国人比较有意思。记得刘丹青先生教我们现代汉语课的时候说，一个不懂汉语的美国人看了王维的这句诗，惊喜地发现：这是一棵树成长的过程！因为“花”字的繁体字往往写作“華”，五个字连起来看，真的很像一棵树渐渐茂盛的过程。

树梢的红花，烂漫地开了起来，那是多么令人欣喜的场景。不过，单从诗句字面来说，“山中发红萼”似乎也不过是一句平平淡淡的句子：辛夷树在山里绽放出鲜红的花瓣。但是且慢。这样的句子，如果细加品味，怎么读似乎都还有一些意思没有说出来；而这点意思大概就在“山中”二字里了。诗名是“辛夷坞”，读者自然知道花朵绽放的地点，在大家都有心理预设的情况下，强调“山中”，意思恐怕就远不是点明处所那么简单了。果然，接着两句便是“涧户寂无人，纷纷开且落”。因为是“山中”，自然“涧户寂无人”，所以“山中”二字是有不少“潜台词”的。发红萼，这是一件蓬蓬勃勃的事，但是在寂寞的山谷里，这样的蓬勃多少有一些落寞的感觉，甚至大自然越是蓬勃，越是能够勾起一些感伤的情绪来。但这样的情绪是读者的，作者在这里倒是不动声色，但这正好可以和读者内心的感伤形成一种阅读时的张力。这是含蓄蕴藉的诗句的魅力所在。

承接“山中”二字的“涧户寂无人”，是一个平淡的过渡，仿佛是一首乐曲需要在高潮前有一个休止一样，为的是迎接“纷纷开且落”这样一个充满诗意的结尾的到来。开而又落，有所期待地绽放，又黯然神伤地凋落，这样一个生命周期不让人平添唏嘘吗？而“纷纷”二字，又让这样感伤的生命形态变成所有绽放在辛夷坞中的辛夷花的必然命运。当初，它们从那个毛茸茸的骨朵里探出鲜艳的花瓣的时候，也曾有过美好的幻想，想象着自己在阳光下闪闪发亮，让所有仰望的人赞叹与膜拜。然而，这些美丽的花朵却开错了地方，在这样一个无人的自然天地之中，只能接受寂寞地开了又谢、自生自灭的命运的嘲弄。想想“发红萼”时的欢欣，“开且落”的结局只能是一个沉重的叹息。而且，从表述上看，“开且落”与“开又落”

还不一样，它的意思是边开边落。“开又落”，有一种齐整的庄严感，不管你们关注不关注，我自按照我的生命节奏生存，而“开且落”只剩下随命运摆布的无常感了。

这样一看，这首诗从对生命烂漫多姿的赞赏到生命寂寥幻灭的叹惋，平和、质朴的四句诗里有着婉转的愁肠，只凭方寸之间的腾挪却展示出王维对生命幻灭的感伤，真的是很了不起。

其实，细想下去也有意思：所谓“无人”，其实也未必，这个站在一边，用诗句记录着辛夷花幻灭的一生的人，难道不是“人”吗？所以，各位读者有没有发现，其实整首诗不过是一个寂寞人在看寂寞花，花其实自生自灭，何尝会因物兴叹，最终不过是那个寂寞人将心绪托付了这一地的落花而已。

有人以为王维的这首诗是悟道诗，连苏东坡也说“空山无人，水流花开”。大概王维与苏东坡都是化外高人，我这个常常为红尘中的寻常景物所感动的人，似乎达不到那样的境界，读来读去，读到的还是王维来自生命底层的寂寞。倒是明末邢昉的《唐风定》里说的，“此诗每为禅宗所引，反令减价，只就本色观，自是绝顶”，似乎和我有着共同的观感。

16 解诗莫负深致

有一份试卷用苏轼的《减字木兰花·己卯儋耳春词》作考题，答案大概来自某种鉴赏辞典，大意是说此词表达了作者随遇而安的旷达人生。我总觉得它并没有切中肯綮，所以就来说说这首词。

春牛春杖，无限春风来海上。便丐春工，染得桃红似肉红。
春幡春胜，一阵春风吹酒醒。不似天涯，卷起杨花似雪花。

其实，我不太喜欢拿诗词出题来考，因为诗词是用来涵泳的，支离破碎地考味同嚼蜡。要考，也就罢了，千万不能强作解人，类型化地理解那些意味深长的作品。有时候那份味道很纤细，一不留神就会会错意。比如上面这首词，多少人说它表达了词人随遇而安的旷达的人生态度。你看，明明是天涯，在词人眼中却不似天涯，反倒是积极劝人农桑，那是何等的旷达。

但其实不然。有时候仅从字面上去理解，恰恰是走入了文字的误区。我以为以上的观点有误解，也有品味不到之处。

先说误解，第一个误解是“春工”。春工的意思是春天大自然造化之工，唐代张碧的《游春引三首》中有“万汇俱含造化恩，见我春工无私理”之句，说得明明白白，所以苏东坡这首词当然不是劝人农桑的文字，这是一重误解。另外一个误解就是“肉红”，这个词其实应该指的是牡丹。欧阳修有词云：“肉红圆样浅心黄。枝上巧如装。雨轻烟重，无聊天气，啼破晓来妆。”范成大是苏轼后学，他的诗中也用“肉红”指牡丹：“洛花肉红姿，蜀笔丹砂染”，可见是当时的通例。欲将儋州的桃花看作洛阳的牡丹，这里面的意思明眼人应该能够看得清楚。

从另一方面看，文字的魅力恰恰就在文字背后的细微之处，一不留神，我们就会辜负作者的深意。其实，我看这首词，心中总会有一种别样的酸楚。人们表达悲情往往有两种，一种是“双泪落君前”，如若是一位女郎则不禁有怜人楚楚之感，但从一个男性的角度来说，则不免有些“娘”了。另一种悲情则含蓄得多，粗心的人浑不知其悲，而真正的知音则不禁为之黯然。比如此处，若不是设身处地，又如何能懂得坡翁的一番心思呢？“一阵春风吹酒醒”，作者缘何喝酒，又缘何醉酒，如不细细想去，岂不是对不起那一阵春风？那一瞬间，骀荡的春风将暖意吹进作者的心田，让他从醉酒中醒来。且慢，真的醒了吗？恐怕未必，应该是“不醒之醒”吧。一个“似”字，将作者的心绪全都暴露了出来，“不似天涯”的背后明明白白地写着“就是天涯”，漫天杨花，在作者看来真的仿佛就是北国的“雪花”。在这一刻，作者有了一种“温暖”的错觉，那就是又回到了北国，正感受着中原飘雪的润泽。那是多么令他惬意而又憧憬，却令我们伤感的场景啊。醉里醒里，萦绕心中的不都是回不去的故国吗？不过，坡翁的整首词，并不号啕，也不哽噎，不知者读出喜，知心者懂其悲，并不求人怜悯，但自有一番感人肺腑之处。

我爱坡翁，就因为他不故作旷达，也不戚戚而呈小儿女态。人不能被物议框住了手脚，因为被戴上“豪放”“旷达”的帽子，就必须惺惺作态，这不是通人的态度。反过来，如果我们先给这些活生生的动人的人物带上帽子，自己被这样的框子框住了，不能真正体会到这些伟大心灵的委婉深致，这岂不是对诗人最大的辜负？

17 且将虚字细细吟

一般选本选范仲淹的词，往往是《渔家傲》和《苏幕遮》。一悲壮，一哀婉，表现出范仲淹人格的丰富性。不过，我想说的是，如果从审美类型的变化角度来说，《苏幕遮》似乎更符合宋词的审美。

“审美类型”实在是一个太专业的词语，如果通俗地说，就是南方人所说的“腔调”或者北方人所说的“调调”。为什么说《苏幕遮》更有宋词的腔调呢？我们不妨先看一下这两首词。

渔家傲

塞下秋来风景异，衡阳雁去无留意。四面边声连角起，千嶂里，长烟落日孤城闭。

浊酒一杯家万里，燕然未勒归无计。羌管悠悠霜满地，人不寐，将军白发征夫泪。

苏幕遮

碧云天，黄叶地。秋色连波，波上寒烟翠。山映斜阳天接水。芳草无情，更在斜阳外。

黯乡魂，追旅思。夜夜除非，好梦留人睡。明月楼高休独倚。酒入愁肠，化作相思泪。

仔细读这两首词，我们会发现，《渔家傲》里的所有意象甚至是意境，都是唐诗里面的。所谓“衡阳雁去”“长烟落日”“浊酒一杯”“燕然未勒”，还有地上那点引发思乡心绪的秋霜，无不是唐诗里面出现过的。如果忽略掉诗行长长短短的布列，我们很容易将它想成一首唐代的边塞诗，而且它也的确涵盖了唐代边塞诗的主题。所以，从审美类型上来说，作为宋词，它的辨识度其实不高。

相反，《苏幕遮》就完全不同了，它的格调就是宋词的。这并不是因为《苏幕遮》的主题表达的是思乡的愁思，这样的情绪在唐诗中也比比皆是，那么究竟是什么让这首词改变了格调呢？那就是虚字。虚字，实际上承担着让情感的表达更细致、更丰富的职能，极大地拓展了词的抒情功能。

比如，《苏幕遮》中的“芳草无情，更在斜阳外”“夜夜除非，好梦留人睡”，其中的“更”“除非”都让本来所表达的情感更丰富、更强烈。

试着比较一下，“芳草无情斜阳外”，是不是一种唐诗的表达方式？但是有了“更”字，就让芳草无情和斜阳之外间有了一种情感上的递进关系，使平面的叙述有了一种纵深感，愁绪于是有了褶皱、有了层次。

此外，词牌固有的节拍，因为虚字的存在，也增添了格外委婉的风姿。比如“夜夜除非”处的一顿，让人心里有了一丝丝的诧异：患着思乡的沉疴，诗人每天夜里或许会有可以疗救的法门，但是接下来的一句“好梦留人睡”，却又强化了旅思的心痛，好梦是什么？不过是桑梓风暖，陌上柳青而已，而这些其实都是旅人心中最深的痛，夜夜不能入眠，唯一能够让人入睡的则是梦回故乡的臆想。但是，一旦梦醒，结果又会怎样？而且，“除非”二字，又隐含着好梦不得的惆怅，让原本哀痛的情感变得更加婉曲动人。这就是虚字的妙处。

这样的虚字，其实在很多词人的作品中有出色的表现。大家比较熟悉的就是李煜的“小楼昨夜又东风”。“小楼昨夜风”，含蓄蕴藉，固然有万千滋味，但是加了一个“又”字，夜夜无眠的意思就出来了，内心的幽怨也出来了，情态变得更加丰富。再看晏殊的《踏莎行》：“一场愁梦酒醒时，斜阳却照深深院。”那个“却”字，是不是美得不行？诗人从来都是借着斜阳表达愁思，只有晏殊将斜阳写得如此深情款款。这个“却”字，也有两解。一种解释为“转折关系”：那是一种埋怨，觉得斜阳为何如此无情，让愁梦乍醒之人，第一眼居然又看到一番令人怅惘的情景。另一种理解可以是“回头”，就是王维的“返景入深林”中的“返景”，不过较之“返景”更多了一种临去秋波那一转的情态，情致风韵都有了，再加上那个惆怅的底色，实在是让人无法不为之动容。

抒情作品中虚字的出现，让情绪的表达更加细致、丰富、委婉。这只有在人们有了充分的自我反思力量，变得更加“哲学”之后才可能出现。

我们读宋词，真的不妨在虚字上多花些功夫。

18 《春江花月夜》：中国文化的诗意形象

张若虚的《春江花月夜》被称为“孤篇压全唐”的杰作。但是，多少年来，我们总是为它斑斓的色彩所吸引，而忽略了其中最具中国文化意义的东西，那就是格调。

清末王闿运说：“张若虚《春江花月夜》用《西洲》格调，孤篇横绝，竟为大家。”《西洲曲》最有名的几句话就是，“采莲南塘秋，莲花过人头，低头弄莲子，莲子清如水”。这也是朱自清的《荷塘月色》里引用的。

这是什么格调呢？清澈的忧郁，美丽的哀愁。没来由，但又确乎存在。这个格调相对《春江花月夜》来说，其实未必完全一致，与《西洲曲》相比较，《春江花月夜》似乎更为纤秾一些，但是其中萦绕的寂寞和忧伤却是一致的。——大家有没有发现，中国艺术中的杰作，不管多么明媚，其实都会有一点悲凉作底子的。

很多人知道日本文化中最重要的格调是物哀和侘寂。比如，日本的俳圣松尾芭蕉的名诗：古池塘，青蛙跳入水声响。而我更喜欢的是“树下肉丝，菜汤上，飘落樱花瓣”。当然，日本的俳句也有一种特别的幽默，但是这种幽默是建立在寂寞和惆怅的基础上的。而我要说的是，所有这些实际上都源自中国文化，中国诗词中有很多是讲寂寞的。

面对寂寞，中国的诗人也会有不同的态度，比如：独坐幽篁里，弹琴复长啸，深林人不知，明月来相照。这是很有禅趣的寂寞。而辛弃疾的“而今识尽愁滋味，欲说还休。欲说换休，却道天凉好个秋”，则是忧愤的寂寞。

有时候，寂寞是没有来由的。贺铸说：“试问闲愁都几许，一川烟草，满城风絮，梅子黄时雨。”什么是闲愁？就是清醒地意识到自己生命的存在，同时又为生命无可挽回的流逝而伤感。正因为它没有具体的原因，但是确实存在，才被称为闲愁。这种没来由的愁绪，我们不妨称为“形而上的哀愁”，它是对生命本身的清醒的意识，也是对生命本身的爱怜与疼惜。

在《春江花月夜》里，以下几句是全诗中最有哲学意味的。

江天一色无纤尘，皎皎空中孤月轮。
江畔何人初见月？江月何年初照人？
人生代代无穷已，江月年年只相似。
不知江月待何人，但见长江送流水。

中国最具有诗意，也最具有哲理的意象就是“水”。孔夫子的伟大，就是因为他的一句感叹最终上升为一种民族的情绪。几乎所有的人在水边都会产生生命流逝的喟叹。而更重要的是，这样的一种喟叹，甚至成为中国文化的基本精神气质。

水的意象，具有很微妙的哲学意味。一方面，它流动不居；另一方面，它又长流而永在。这就好比我们的生命，每一天都以为自己是一样的，但每一分每一秒，我们的生命都在改变，都在流逝。中国人将水的流动（空间的变化）与一切时间的变化联系在一起。中国古人有一个伟大的时空观，那就是时空一体，这个观点在字书《三苍》里就有记载（上篇是李斯写的，中篇是扬雄写的，下篇是贾鲂写的）。古人解释宇宙为四方上下曰宇，古往今来曰宙。水，连接了时间与空间，激起了人们思考生命的短暂与永恒的热情，也是水让生命有了一个可以喟叹的背景。

再来说说月亮，中国有一个很伟大的文人苏东坡。伟大是有一个标准的，那就是他的思考、他的情感有没有上升为一个民族的共同情感，孔子做到了，庄子做到了，苏东坡也做到了，因为一句“月有阴晴圆缺”。月亮，从哲理的方面说，是盈缺变化而长立长存，和水有着同样的意义。但是，月亮还有一个意义，就是能够成为思念的寄托物。无论是思乡还是怀人，月亮都是一个很好的媒介，而传递温情的中介物本身又是孤独的。

在诗里，作者首先将月与水置于一个辽阔而纯净的背景之下。生命个体一旦放置到无尽的时间与空间的交汇点上，我们就能够异常清晰地意识到自己的孤独与短暂，从而会不由自主地思考起点与终点、短暂和永恒这样的终极性问题。在中国诗词中，最具有哲学意义的情感就是闲愁，那种不知从何而来也不知什么时候能够消散的愁绪，恰恰是指向我们未知的生命本身的。一个人的自我意识越强烈，生命意识越明显，越不愿意蝇营狗苟地生活下去，就越会产生这样的闲愁。

在这首诗的开头，作者将海、江、月、花结合在一起，营造了一个空灵优美而又无法分辨的浑然一体的世界。——顺便说一下，如果对日本文化有所了解，我们会发现，这一部分的描写特别具有和风。这说明日本文化的源流真的是在中国。在这样的背景下，作者开始了他带有自觉意识的哲学式的追问，想到了一切事物的开端，开始的开始，想到了事物的变化，后来的后来。不过，诗人就是诗人，在这一部分的最后，他的问题从终极永恒收缩到了月亮的情感性特征上。他问道：不知江月待何人？为什么不知，因为但见长江送流水，一批一批的人就像长江的流水一样缓缓流去，都不是月亮所等待的，那么月亮又在等谁呢？

这种形而上的思念，就引出我们要讲的第三个形象，即“游子”。这是一个与思念相关联的形象。游子，并不是简单的流浪者，而是心中有所牵挂的漂泊客。他有所牵挂，也被人牵挂，这和无名无姓，不知其从何来也不知其往何处去的浪子是不同的。《春江花月夜》里，有着对游子的牵挂，也有游子对远方家乡的思念。全诗的最后部分，仿佛是两个声部深情地对唱。

古诗里有一种鸟叫子规鸟，也叫杜鹃鸟，它有一个很伤感的故事，是关于古蜀国王杜宇的。据说，它的鸣叫声就是“不如归去”。但是，我们有没有想过，说“不如归去”的人恰恰是不曾归去的人，甚至是回不去的人。而“归去”因为游子漂泊的思绪而成为中国诗歌的又一重要母题。

说到“归去”或者“归来”，很容易想到张艺谋拍摄的一部电影《归来》。在这部电影里，无论是陆焉识还是冯婉瑜，都是既归了又没有归的。这大概就是我们的生命形态吧。我很喜欢《诗经·王风·君子于役》中的一句：日之夕矣，羊牛下来。想一想，这是1000年以前的作品，真的很了不起。

说到“归”，不妨看一看刘长卿的《逢雪宿芙蓉山主人》。

日暮苍山远，天寒白屋贫。
柴门闻犬吠，风雪夜归人。

这首诗最有名的就是这个“归”字，虽然是风雪之夜，但是一个“归”字就让整首诗有了别样温暖的感觉。但是问题也来了，这首诗是有歧义的。一说这个“归人”就是芙蓉山主人，但解释不通的是主人未回家，客人先住在里面了。一说这个“归人”是刘长卿，他把暂时寄宿那一瞬间的感觉理解为“归家”的感觉，现在有的店家还会有“宾至如归”的匾额。我喜欢后一种说法，这样更有诗意。而且，如果往深处想，第二天这个暂时有了“归家”感觉的人不是又要继续踏上漂泊的征途呢？这种暂时的温暖和宿命一样的漂泊，不是更能让人想到我们的人生吗？

“游”字有两种写法，一种是三点水边，一种是走之底，大概是用于不同的途径。在唐代以后的诗词中，游字更多的是和“水”联系在一起，自身的处境和“水”所带来的情感冲击，让游子具有了更多的生命象征。“日暮乡关何处是，烟波江上使人愁。”游子所具有的无法消解的“乡愁”，触碰到了每个人心中最隐秘、最柔软的地方。这种乡愁并不是对一个具体的物质的故乡的眷恋，而是对自己心灵最安适、最恬静的状态的渴望。我们不知道杜甫的妻子是不是美丽，但是“香雾云鬟湿，清辉玉臂寒”，应该是美丽的，而思妇总是心上眉间有那么一点点哀愁。这种美丽的哀愁，不正是郑愁予的诗句“我达达的马蹄是美丽的错误，我不是归人，是个过客……”中所表达的吗？

你看，在游子心里，故乡就是这样美丽而哀愁……美丽是属于故乡的，哀愁是属于游子的，这成为了游子心中的故乡的形象和自身的感受；更重要的是，漂泊是一个游子无法逃避的宿命。人类何尝不是这个宇宙中孤独的漂泊者呢？我们急于发现外太空的生命，捕捉来自几亿光年前的脉冲信号，无非想得到那一点点的呼应，用来慰藉我们自身的孤独。这样想来，寂寞不仅仅是中国文化的基调，甚至是整个人类的基调。这或许也是中国文化能够影响周边，成为世界文化的一个重要分支的原因吧。

哲学就是怀着一种乡愁的冲动到处寻找家园，此生我们永远是怀着乡愁的过客。这大概就是“游子”意象最深刻的内涵吧。

这就是中国文化。如果要概括一下，这就是诗性的哲学，是我们这个民族能够在这个星球上存在超过 5000 年的前提和原因。愿我们永远保有它们，让这个民族向更好的方向走去。

第三辑

教育之责：为青春鼓掌，为歌声驻足

01 给年轻朋友们的文字

身边总是会有一些优秀的年轻朋友，他们喜欢读书，喜欢思考，喜欢在喧闹之余反观自己的内心。所以，他们大多在欢快的背后有着一点不快乐。一则是寂寞，以为自己的内心别人未必懂，二则有着隐隐的大概连自己都未尝察觉的快乐，因为自己终于与众不同了。这是青春的特权。对我这种于文艺未尝死心的人来说，它也是一种欢喜，因为文艺最终应该是从这些人里面产生的。

不过，也会有不忍，因为见着他们在这样的苦痛里挣扎而能不动声色，实在不是我等凡人能够做得到的，虽然我也知道凤凰之涅槃有时是生命中最苦痛又必须经历的事情。于是便宽慰，便纾解，但因为是隔靴搔痒，总归是不着边际的。这常常让我想起自己年轻的时候在黑夜里彷徨的经历，因为读了一点书，有了一点感悟，就发现世界不是童话，人生的幻灭也就随之产生。——说到童话，最近才发现不管是安徒生还是格林兄弟，他们所描写的内容其实是颇有恐怖电影的元素的。小红帽要穿过一片阴翳的森林，白雪公主要面对非人非鬼的女巫，在一些洞穴里还有吃人的怪物和森森的白骨，但是小孩子们读来却没觉得恐怖，这是童话最恐怖的地方。世界的真相在童话里一丝丝也没有少，但是却被年轻的读者忽略掉了，只留下王子和公主从此幸福地生活在一起的幻想。直到有一天，自己要面对许多茶米油盐、人情世故的时候，才发现王子和公主在一起之后，生活中会有太多的恐怖，不是“幸福地生活在一起”可以简单概括的。

说到苦痛，小朋友们的苦痛一般有二：一是发现生活居然是这样的；二是发现人是绝对孤独的。其实，生活既不神圣也不卑微，它就是这样。

只不过，我们有时候把生活想得太好了，不免会对生活的苛酷产生怨怼，待到生命的触角被磨秃、磨没了的时候，自己将自己蜷缩成一个缧蜗，能够在极其憋仄的生活中存活，甚至还会在卑微与屈辱里偶尔获得一点自得的快活的时候，觉得生活的美好实际上不过是幻影泡沫而已，有情或无情其实无所谓，就好比一滴甘霖对于板结的泥土而言毫无意义一样。所以，这些小朋友的可爱值得崇敬，因为他们执着一念地认为生活应该是美好的。我很矛盾的地方是，一方面觉得有所追求，这个世界或许还有希望；另一方面，他们如果如此执着、不肯屈服，恐怕会有更大的苦痛等着他们。他们不是耶稣，没有牺牲自己的必要。

至于寂寞，也是一样的，他们心底里以为这个世界是和乐融融的，所以当自己的内心找不到温暖的热源时，便失落异常。殊不知，对人生来说，寂寞或许就是生命的底色。萨特有一出著名的戏剧叫作《禁闭》，是说在一个无法自我发现的空间里，人们依靠彼此的目光来发现自己，而那个通过别人的目光发现自己的过程，最终变成一个彼此折磨的过程。所以，主人公说道："何必要有烤刑架，他人即是地狱。"通过别人来发现自己，无疑是按照别人心目中的自己来塑造自己，到头来失去的一定是真正的自己，而孤独恰恰是自我最好的救赎。蒋勋的《孤独六讲》是一本好书，他要谈的不是如何消除孤独，而是如何完成孤独，如何给予孤独，如何尊重孤独。身陷红尘，内心却如一只眼睛，孤独地闪烁在寂寞的夜空中。话虽如此，从我们大人的角度来说，让小孩承受这样的煎熬和苦痛还是于心不忍的，但是这是成长必须付出的代价，有些冒险，但值得一试。有没有这样的心灵体会，甚至可能是生存和生活的区别。

拉拉杂杂，在细雨恼人的三月里，写下这些文字，也是慰藉一下小朋友们的心，虽不能立刻纾解他们的苦恼，但也让他们知道这一切其实就是成长的过程。生理学上有一种疼痛叫作"生长痛"，是说人在青春发育的时候，关节会莫名其妙地疼痛，虽然很疼，但是家长都会欣喜地告诉孩子那是在长大，而不会为此大惊失色。那么，我们不妨也将这些烦恼看作心灵的"生长痛"吧。

02 悲情郝金伦的背后

河北省涿鹿县教科局局长郝金伦愤而辞职的新闻，一时间成为网上热议的话题。然而，像大多数教育新闻一样，没多久就湮没无闻了。这很有意思。在当今，教育似乎总是只具有话题性而缺乏思考性，喧闹一时随即就被更多更具有娱乐性的新闻湮没了。但是实际上，这里面有很多值得我们深思的问题。

郝局长真的是一个很有理想的官员，他希望通过自己的努力，改变涿鹿县的教育面貌，于是他从邻县觅得了一种叫作“三疑三探”的课堂教学模式，希望通过推广这种模式来改变当地的教学面貌。但是结果却大大出乎他的意料，在他以为改革初见成效的时候，学生家长却前往县信访局拉横幅反映问题，县政府随即出台文件暂停了郝局长主导的教学改革试验，于是就有了郝局长悲情演说、愤而辞职的一幕。

我首先要说的是，其实自己还是很敬佩郝局长的勇气与追求的。在功利主义弥漫的时代，还有这样一个理想主义者，其实很不容易。但是，郝局长的改革同样存在着许多典型的问题，这些问题也从一个侧面反映了中国教育改革的尴尬处境。

郝局长的改革，是希望通过课堂教学变革（“三疑三探”的课堂教学模式）去实现学习的变革，从而提升整个地区的教学水平。这样的做法，背后存在着几个逻辑前提上的假设：一是目前的人才选拔评价无论是内容方式还是机制体制都没有问题，问题出在应对策略上；二是提升教学质量的关键是课堂教学模式的变化；三是教师已经为改变做好了准备，只是不知道怎么去变；四是教学改革就是教育部门内部的事。

但事实上，这几个逻辑假设几乎一个都不成立。

第一，中国自实施现代教育制度以来，教学行为一直在努力适应人才选拔观念和制度的变化。之所以出现现在这种“人人在骂，又人人在做”的局面，根本上是因为“适者生存”的丛林法则。这么多年来，各种模式、经验此起彼伏，“城头变幻大王旗”，但是拼体力、拼时间，拼命苦学的教学模式却岿然不动，这是一个不愿承认又不得不承认的事实。但“什么是人才”“如何选拔人才”的问题却鲜有关注者。

第二，我们一直希望有一种教学模式可以一劳永逸地解决所有的教学问题，这种想法目前很有市场，尤其是急功近利的领导更是热衷此道。但是一味药治百样病，天下哪有这样的好事？模式一定有适用范围和对象，推广模式更应该研究这个模式的“定义域”，这才是实事求是的态度。教学质量的提高，是环境、资源、技术、方式、对象、理念各种因素综合作用的结果，简单地照搬照抄往往属于病急乱投医，不会有好的结果。

第三，我们的师范院校总是秉持学科至上的理念，忽视了培养学科教学技术工作者的学校追求。教师虽然经过了师范教育的训练，但是在课堂教学、课后辅导、教学咨询等方面仍缺少专业的学习与培养，再加上大学学习的学科知识往往缺少与基础教育阶段学科教学的对接。所以，教师的专业水平实际上存在着很大的缺陷，大多数教师在日常教学中似乎更愿意选择最简单、最直接的教学方式，而缺乏接受新的教学模式的能力和动力。

第四，教育实际上是一个社会问题，需要的是综合配套变革。社会管理、社会保障、社会伦理、价值观念、资源分配等一系列问题，都制约着改革的向前发展。那种指望教育行政部门单兵突进的改革，最后只能以妥协收场。实际上，涿鹿县最后的做法就是如此。

这是一场注定会失败的改革，自然也在意料之中失败了。点燃这根导火索的，恰恰是学生的家长——体制机制和文化观念将中国这一代家长逼成了最功利主义的群体。而给予这次改革致命一击的，当然是以维护社会稳定为理由的政府决策。随后郝局长的激昂慷慨的辞职演说，一下子让他成为一个悲情英雄。在这里面，家长、政府、郝金伦其实真的没有谁对谁错的问题。有人说郝金伦的改革是“方向正确”而“方法有误”，而我的看法是“动机感人”而方法方向皆误。

教育首先是科学，但是似乎这样的常识并不为大家所接受，甚至连教育圈内人对于教育的科学性似乎也并不是那么坚信。所以，以郝局长为代表的教育行政官员才会以统一推进某种课堂教学模式的方式来推进区域教育，也才会有稍有波动，政府就一纸文件立即叫停的举动。改革的一方和否定的一方都没有尊重教育本身的规律，也没有考虑教育举措发生作用的复杂的社会、文化、经济条件以及教育规律发生作用的内部机制。简单地全面铺开或者全面封杀，中国教育改革经常是在这样的大捧大杀中屡经踬踣而陷入迷茫状态的。我想不论是行政官员还是一线教育工作者，只有心存对教育这门科学的尊敬，真正以科学的态度推进改革，中国的教育变革才可能真正实现。

真希望我们能够从涿鹿县的改革中汲取更多的教训，让我们的教育改革更理性、更扎实有效。

03 “独立教师热”的冷思考

关于教育，现在媒体热炒的一个词就是“独立教师”。这是一个在“互联网 +”背景下应运而生的产物。一些教师尤其是一些术业有专攻的教师，摆脱原有的体制或者机构的羁绊，以在线教育的方式去实现自己的教育追求。作为第一批吃螃蟹的人，我为他们的行业敏感性叫好，而且他们这种勇于接受市场挑战的精神、积极谋求自身价值实现的努力，都是值得所有教师和教育行政管理者尊敬的。但是，如果说这些“独立教师”能够引发中国基础教育行业的变革，甚至像某些专家所云，已经成为教育未来发展的趋势，则未免过于乐观了。我更担心的是，“独立教师”是否会成为网络经济泡沫的又一个牺牲品。

从教育发展的实际情况来看，在以数字化变革为特征的当今时代，课程观念的变化是这个时代的题中应有之义。互联网经济的出现，使得教育日益从课程对立走向课程融合。国际间的课程融合、课程之间的对话与融合，使得教育的综合性日益得到彰显。在这样的背景下，教育变得更关注课程间的协同性，更关注教育者团队对于学习者的意义与价值，而点对点的私塾式的、作坊式的师徒相授越来越不适应时代变化的要求。所以，那些从体制挣脱出去的教师，希望成为互联网上一个单独节点的愿望，其实是与当今教育发展趋势不相适应的。

从商业模式来说，“独立教师”如果保持自身工作的“独立性”，就无法面对在线学习所带来的海量的数据处理问题，而“互联网 +”的盈利模式一定是以数量级的快速递增作为前提的。这就使得独立教师最后只能走上建设在线培训机构的道路。而教学模式或者课程资源大量地复制，本身又消解了“独立教师”的智力优势。如果“独立教师”构成课程互补的“课程联盟”，实际上从某种意义上就又回到了学校模式，联盟本身就是对于“独立”的意义与价值的否定。所以，至少目前我看不出“独立教师”在商业上成功的可能。

我曾经拜读了一位目前颇受媒体关注的“独立教师”的文章，这位教师提出的问题深深地打动了我。其实，每个教师心中可能都有这样的问题。

——我可以做一个永远“有问题”且“无力解决问题”的教师吗？

——年轻人可以有一间专门“研究学习”的工作室吗？（这个问题有点含糊，我阅读了他的文章，认为这位教师想提的问题是：我们为什么不能更多地关注“学习”本身呢？）

这些问题实际上是大多数有追求的教师在问的问题。第一个问题是关乎我们的职业尊严的，如果我们永远成为问题的制造者而不是解决者，就无法真正赢得职业的自尊。第二个问题则是关于教课程还是教学习的问题。这是一个教学内容方面的问题，或者说是一个教育理念的问题，这同样是我们目前学校教育需要回答的。

但是我要说的是，如果教师因为这个而成为“独立教师”，这不是创业，只是从现有的学校体制中“逃离”出去而已。

就目前所看到的资料，“独立教师”之所以选择独立，不外乎三个原因：一是自己的研究成果或者劳动价值不能够得到社会的认可，尤其是经济上的认可；二是自己的教育理想无法在现有的学校体制下得以实现；三是认为“互联网+”时代是教育创新创业的一个契机，愿意成为“第一个吃螃蟹”的人。如果你是第三种人，我觉得当务之急是想好自己的商业运作模式，否则很容易成为互联网泡沫的新一批牺牲品。大量电商的倒闭，应该是前车之鉴，并不是电商本身有问题，而是没有较为成熟的商业计划而匆匆上马，即便赢得了风投的支持，也可能只是昙花一现。至于前两个理由，需要反思的不是“独立教师”，而是将优秀教师、品牌教师“逼”成“独立教师”的教育体制与学校管理体制。所以，“独立教师”不是教育业态发生的变化，而是我们的教育机制体制不适应社会发展的需要而产生的非正常现象。“独立教师”现象到最后很可能会演变为学校与机构、实体学校与虚拟学校之间的对立与冲突。

此外，我们也要看到，学校教育不等于一群教师的教育，课程、活动、人际交往、各种社会资源以及独特的学校文化，都用各自的方式在对学生进行着潜移默化的教育。在学生的成长过程中，学校发挥的是综合的“场效应”，这不是O2O的运作模式可以替代的。目前流行的多个“独立教师”构成的网络平台，只是关注了学生单科或者单方面的学习指导，充其量是学生学校学习的补充，而一些“独立教师”也似乎满足于这样的定位。所以，我的隐忧在于，如果优秀教师都成为了“独立教师”，学校教育又何去何从呢？

因此，在关于“独立教师”的问题上，我们不妨抛开其他，设想一下：如果教育制度给予教师更多的实现其教育梦想和理想的空间，如果学校管理制度、分配制度、社会评价体系不是墨守成规而是能够真正体现出对于独立教育理念的宽容、对于品牌教师的尊重与肯定，如果学校能够不拘囿于一时一地而能以互联网思维来拓展学校的内涵，请问这些教师还愿意“独立”吗？这种“独立”是否还会有市场的商业价值呢？我们看不到这种“独立”背后的种种无奈，而只是对其大唱赞歌，其实恰恰是对教育事业发展的一种伤害。

在高度社会化的今天，我们不应该消解学校教育对于学生发展的影响，而是应该更好地反思，如何才能创造更适应社会发展的教育制度并进行学校制度改革，让更多的优秀分子能够将成为一名教师当作自己实现人生理想的最佳选择，这才是当今社会教育发展的正道。所以，我们且慢为“独立教师”唱赞歌，而是应该冷静地思考一下这种现象背后更深层次的问题。

04 感动是一种馈赠

我的语文老师是一位著名的特级教师，他常常对别人说：“一个教师要教出自己害怕的学生。”然后指指我。当时我既得意也不屑，因为我想我不会怕学生的，我要成为一个学生崇拜的老师。

我觉得自己做到了。我常常走在路上时，会有学生跳出来要求合影，会有学生要求签名，也会有学生傻傻地问：“老师，你为什么不上《百家讲坛》呢？”说老实话，我还是很享受这样的日子的。

直到有一天，我读到了学生这样的句子：“我小时候的记忆里为什么没有自己的脚步声呢”，我的心咯噔了一下，她发现了一个我从来都没有发现的问题。而就在她写这样的句子之前，我还在谆谆告诫他们，要倾听花开的声音。是的，她听到了花开的声音，但那声音大得惊人，把我吓着了。从此，我留意学生的语言，从审视转为欣赏，常常被学生感动。于是，我像当初摘抄名人名句一样，摘抄学生的习作，因为在这里有我从未经历过的生命的感动——“因为稀少，才能够听到布谷叫声的间隙，有一段安静的空白，有时候自己制造出某个距离，给自己惊喜当作礼物。所以太多东西，其实太美好又太平常”；“视线的黑暗是我的恐惧，夜的黑暗是天空的寂寞”。

这个经历告诉我一个道理，所有的生命都是一个隆重的存在，不可以忽视，更不可以轻视。所有的知识，不是用来给予学生一种威压，不是为自己增添被崇拜的砝码。教师的学识就如街角转弯处的一盏灯，它能照亮前途，但不应标榜自己的存在。秉持这样的认识，我努力让学生知道郁达夫笔下槐花的落蕊、朱自清笔下荷叶的光影，不过是他们心里的那一束月光，那一番秋思。我们尊重学生，只是因为他们是如此认真地生活着、感悟着。更为重要的是，学生其实也是我们的老师，当他们在一缕阳光、一把蚕豆中发现生活的真谛的时候，当他们悄悄地用自己的笔去描摹这个世界的时候，他们的思虑、痛苦与感动都庄严得令人动容。因为在这其中，你能够体会到他们是如此执着认真地生活着，并且很努力地探索生活究竟是什么。

于是，我为他们的喜悦感动：

初夏，阳光透过法国梧桐繁茂的枝丫，投影在白色镂花的桌椅上，空气中弥漫着咖啡的浓香，树上开了淡黄色的小花，这时突然有种生命的喜悦。

也为他们的哀伤感动：

生活太过平静。天空飞过，太阳飞过，日历飞过，大雁飞过，白云飞过。阴影投在土地上，悲伤地遮住茵茵草丛……

天空比海洋要悲伤。因为天空看起来很美，实际上只不过是灰尘、水珠和颜色。它其实很寂寞。

少年比成人要悲伤。因为少年从来不说，那本该如此，没什么道理。

玫瑰花比巧克力要悲伤。因为巧克力是甜的，玫瑰花是苦的，却被比喻成美丽的爱情。玫瑰心里很痛苦，她要用生命祭祀他人的笑脸。

过去要比现在悲伤。因为现在意识到了过去的悲伤，而“过去”不能。

世上所有的悲伤都是因为有了意识，有了爱。也因此，所有的悲剧都是美丽的。

我很享受这样的感动，通过学生感受到了自己生命的脉动，还有什么比这更让人感到快慰的呢。所以现在，我要对我的恩师说：一个教师更要教出让自己感动的学生。

05 请为歌声驻足

那是忙碌的一天，会议、谈话、联系工作、安排下周的活动、与同事讨论公开课教案，忙得不可开交。为了安排下周的公开课，我不得不在两幢教学楼之间一路小跑。然而，就是在这时，我的身后飘来一群女孩的歌声，和声非常美，在微醺的下午，在绵柔的春风里，飘漾开来。我停住了匆忙的脚步，回过身去，向她们微笑，向她们竖起大拇指。我看见那四五个女孩向我挥手、微笑，这是那天下午最美的记忆。

然而，更多的时候，我们是不是会因为自己的匆忙而忽略了为身边学生的所作所为而喝彩呢？我们有太多的理由忽略掉身边的学生了，忙着备课，忙着开会，忙着做课题，忙着被培训、被开会，这些已让我们焦头烂额、疲于奔命，于是我们理所应当地忽略了周围孩子的笑脸、歌声、失落以及他们所有默默的努力。但是换一个角度想，如果我们自己潦草的人生里多了一个人的喝彩，多了一个人的关注，当我们在努力的时候，有人懂你，有人欣赏你，有人关心你，潦草会不会就此变得稍稍精致一些呢，疲惫会不会就有了一个温暖的支撑呢？所以，就让我们为那歌声而驻足吧，你的停留是对那些歌唱的孩子最大的褒奖和激励。没有人驻足的歌声是寂寞而冰冷的，你的停留会让它变得温暖和欢乐。

那天学校的歌会上，我表现得很“high”，原因是我为少年的青春激情所感染。而且，我也想让他们知道，我在为他们喝彩、欢呼。我最懂得，自己的满腔热情遇到例行公事的冷漠时的那种失落。我不想让我的学生有这样的失落，因为我太知道无人喝彩的落寞了。

每次，我经过走廊的时候，都会非常热情地与每一个向我问好的同学打招呼，因为我知道每一个真诚的笑容里，都有着他们对于我的莫大信任。很多孩子是腼腆的，他们还不太擅长赞美别人，所以当他向你问好的时候，可能不仅仅是出于礼貌。他的赞美和欣赏，有时只是表现为一个腼腆的微笑，一声轻轻的问候，或者是一次鼓起勇气的挥手。就像一个男孩径直向我走来，说了一声“老师，你昨天太帅了”，又赶忙跑开了，连他长什么样我都没有看清——所以，他赞美你并不是为了什么，只是表达他内心的赞美而已，而且还需要鼓起很大的勇气。

孩子们的可爱，有时是需要用心体会的。记得那年我的父亲去世后，料理完丧事回到学校，我依然平静地给他们上课，但是我分明能够感觉到孩子们特别想安慰我，却又不知道怎么安慰的无措感。下了课，我回到办公室，两三个孩子在门口探头探脑，又不进来。虽然我不想煽情，也不想再勾起自己的悲伤，但是我知道孩子们真的很想安慰我，想用一些方式表达对我的支持，是鼓起了多大的勇气才来到我的办公室门前的，所以便走了出去。他们用噙满泪水的眼睛看着我，又不说话，最后轮流拥抱了我，作为他们对我的安慰——不要让他们失望，虽然有时你必须为此付出泪流满面的代价。其实，不让他们失望，自己也能够感受到那份纯真的温暖，这样的拥抱让我感动至今。

不作秀，不自私，不把教育作为自己谋功名的砝码，也不因自己生活的潦草而忽略孩子。我们不过是“卑微”的教师，但是不能因此而不为那些美妙的和声驻足。或许，就在这样的驻足中，我们的卑微可以变得高贵些。当然，如果有点奢望的话，我们也希望有人为我们的努力而驻足。

06 我的教育期盼

关于教育的理想已经说了很多年，但是理想还只是理想，现实却变得越来越复杂，乱花渐欲迷人眼。连从事教育工作的人自己，也不知如何是好。

问题有复杂的方面，但也有简单的方面，复杂的且不说，简单的方面就是，如果我们真正坚守教育的本意，问题就不那么复杂了。我忽然记起曾经去过的广西边陲的一个古镇，有着未经修饰的古朴与沧桑。在那里，我遇到一位80多岁的老先生，以前做过村里义塾的先生——所谓义塾，就是氏族里拿出公田的收入，延聘教师教村子里读不起书的孩子念书的学堂。既没有统编的教材，也不参加县里的考试，只是读读书、认认字，那位老先生不无得意地说，他还教会了他们打算盘，仅此而已。老先生年事已高，虽热衷于和我交谈，但是口音重，口齿也不清，我并不太能听懂，而有一个词因为出现的频率高，我也就听明白了，那就是"读书明理"。当地老人告诉我，每年开祠堂祭先祖的时候，先生虽然是外姓但是可以入内，原因就是"他让小孩子懂道理"。这些隐藏在大山里的乡村，至今民风淳朴，坚守公序良俗，跟他们的祠堂文化有关，也跟义塾教育有关。

然而在今天，我们已经很难讨论教育最本质、最关键的意义了。受教育仅仅成为一种赢得更多社会资源的手段，那种淳朴的教育意义已经让位于更加功利的目的。一位教师告诉我，有一天，她的课代表郑重地告诉她，如果这些以后考试不会考到就不要再讲了，因为"我们的时间实在是太紧了"。而且我也发现，在我教的学生中，有时候谈起他们初中课本上的文章，他们会一脸茫然，仔细打听，原来是有些学校为了及早进入复习阶段，只要中考不涉及的文章一律不教，这其中不乏名家大师的作品。而家长更是焦虑到对学校的教学内容指手画脚的地步，他们的核心就是能不能让我们的孩子考更高的分数。政府有时候也会以学校在考试、竞赛中的表现衡量一所学校的优劣。于是，学校被裹挟着，加入追逐“数据”的洪流之中。

我想，当初那个古镇的乡亲之所以觉得应该把孩子送到学堂去，大概未必是为了要“书包翻身”，只是为了“懂道理”，知道做人的底线，知道待人接物应该有的态度，知道一些维持生计的技能。如果在四季转换的时候，能够有些微人世的叹惋，那就是意外的收获了。在那虽已颓圮但古风犹存的街上走着的时候，我发现自己的内心有着一种巨大的失落感。我们每天都在授课、训练，变着法子提高课堂效率，但是到头来，我们真的给了孩子们什么呢？当我看到某地的高三毕业生用撕毁书本、讲义和练习册的方式来“减压”的时候，真的觉得很沮丧——教育到头来教会孩子们的是厌倦知识、排斥知识，知识和学问在今天似乎已经变成压抑人、迫害人的工具了。

我们经常讲“因为走得太远，忘记为什么而出发”，教育是不是也是如此呢？数据的竞争、理念的竞争、模式的竞争，让教育离其本源越来越远。为了百分之零点几而不择手段，你说“有效”，我就说“高效”，然后就有人说“超效”……你提“翻转”，我就说“重构”，你说“建构”，我就说“解构”，反正我比你高级，压你一头再说。但是教育，却在这样莫名的竞争中，离那个最简单、最朴素的目标渐行渐远了。

读王木春先生主编的《过去的课堂》一书，它汇集了民国名家的教育回忆，阅读之际，屡屡废卷长叹，再想起以前读过的何兆武先生的《上学记》，更觉得眼前吠日吠声的喧嚣是多么浮躁而荒谬。

所以，此时我真的很想将陶行知先生的话作为我对于教育的期望：“要把教育和知识变成空气一样，弥漫于宇宙，洗荡于乾坤，普及众生，人人得呼吸。”受教育是一种发乎自然的状态，而不是一种功利的考量，是一种日常生活的技能，而不是博取功名的投名状。说到教育，大家是从容的、愉快的、平和的，而不是焦虑的、慌乱的、不知所措的。

我的高中语文老师很有名，读书的时候我常常利用假期拜访他，他总是坐在藤椅里和颜悦色地和我谈天。我在他那里有时候一坐就是半天，到天渐渐黑下来的时候才依依不舍地回家，至今仍觉得在那个时候学到的很多东西是我终生受用的。这大概就是教育的力量吧。真希望我们的教育能够更从容、更淡定一些，而我们能够真的知道教育所应该完成的工作是什么。

07 学校的气质

办公室外的走廊里挂着一些学校的老照片，每次经过的时候，我都会稍微驻足，为的是在那些照片里感受一些宁静平和的气氛。说来也怪，几乎所有学校的老照片都会让人有这样的感觉，虽然我相信那时的校园里也可能充斥着喧嚣与不安。这大概是时光的神奇吧。它总能淘洗掉附着在事物表面的东西，而让本质最终显露出来。

因此我坚信，学校的本质应该是一种安宁与沉静的气质。每当提到学校的这种特殊的气质的时候，我总是不由自主地想到日内瓦大学，因为正是在那里，我真正感受到了学校这种令人尊敬的气质。这所位于日内瓦市中心的大学，没有围墙，被大片的茵茵芳草围绕着，当阳光斜斜地照射下来的时候，会让人感受到一种别样的宁谧。老人在草地中间的长椅上絮絮谈天，偶尔经过的骑单车的青年人清脆地打着招呼，空地上巨大的国际象棋棋盘边上一群人正认真地下着棋。一切都那么平常，平常得犹如一个街心公园，只有一边的加尔文（著名宗教改革家、日内瓦大学的创始人）的雕像在静静诉说着这所大学不凡的历史。这里诞生过多位总统、联合国秘书长、欧盟轮值主席等政要和科学家、艺术家，但是校园里却没有任何一个他们的雕像。对于一所学校来说，学生永远是过眼云烟，永恒不变的唯有学校的精神和气质。这所为车水马龙所包围的学校，以它别样的安静显示出一种凛然莫犯的尊严。一位耶鲁的毕业生曾经非常自豪地告诉我，在美国有两位“president”，一位是美国总统，另一位就是耶鲁的校长，因为“president”既可以指总统，也专指耶鲁的校长。这就是一所学校的气度与自信。

亚里士多德说："人的本性谋求的不仅是能够胜任劳作，而且是能够安然享有闲暇。""学校"一词的希腊语词源就是"闲暇"。从这个意义上说，学校应该是让学生能够在平静中照见本性的地方。因此，如果让我来设想学校，它首先应该有一条长长的林间小道，教师和学生能够在这里散步、讨论问题；也应该有幽僻的树荫，能够让人静思默坐，如佛陀般在与自己心灵的对话中得到关于世界的真谛。学校当然还要有带大落地窗的阅览室，"窗明几净"总是和阅读联系在一起的，最好还能够有咖啡或者茶的馨香，成为学校里每一个人心向往之的地方。当然，还要有宽阔的运动场地，让人能够充分挥洒自己的生命活力。一所学校最亮丽的风景，不是别的，而是气度沉静、举止高雅、体态健硕、精神愉悦的人。这大概就是我心目中的学校梦了。

但是，现实中的学校总是被一种急功近利的焦躁之气围困着，不停地推出各种"工程""项目""规划"与"模式"，多快好省，争先恐后，"城头变幻大王旗"，全然不顾培养气质所需的沉潜涵养的时间与精力。学校追求的是学生的成功、成绩，而忘了培养本身所应该付出的努力，让校园变成一个彻彻底底的"名利场"。躁动不安，似乎成为当下校园氛围最恰切的描述，这样的气氛如何能培育出气度不凡者呢？气度，来自从容，来自对生活本质的洞悉，而这需要的恰恰是宁静的气氛与平和的态度。

什么时候，我们的学校能够洗尽铅华，回归宁静平和的气质呢？

08 我负责谋平等，你负责争自由

有一次和其他老师一起商量学校的精神和理念，我拟定了这么几个词语：崇德、自强、共生、融合、求实、执着、仁爱、平等、担当、创造……最后又加了两个：健康和快乐。有的老师说，是不是应该加上“卓越”和“至善”，许多老师也觉得有道理，但是我有自己的想法。

教育，一定是教人为善的，教人向好处发展，但是不是一定要“卓越”和“至善”呢？这里就涉及一个教育观念的问题。我最喜欢陶行知先生的一句话：“在立脚点要平等，于出头处争自由。”这句话很耐人寻味，“要平等”讲的是基本的要求，“争自由”讲的是奋斗的目标，这两者混淆不得。至善，就是好得不能再好了，这不是我们的立脚点，教育不能要求每个人都要做好得不能再好的“圣人”，这不切合实际。至于“卓越”，更是没有标准的事情，我们常说“卓越不只有一种表现形式”，可见“卓越”实在无法成为教育的目标。但现实呢？我总觉得我们的教育可以用古人的一句诗来描述，那就是“一将功成万骨枯”，为了所谓的“卓越”而牺牲了人的天性和快乐。

有一次，我在一所学校听校长介绍他们的学科竞赛成绩，多少个市级一等奖，多少个全国一等奖，但是让我印象最深的却是朋友对我说的话：“我的小孩在这个班里做了三年陪读，结果连最基本的也没搞清。”我当时的回答是：“谁叫你去凑这个热闹的？”这其实还不是最严重的。我在西南某地调研的时候，听到最震惊的一句话是当地的一位村民对我说的：“娃儿去读高中，三年回来，读成了一个废人。”三年，陪读而终于失去对一门学科的热爱与兴趣；三年，读遍了语、数、英、理、化、生，却变成一个一无所知的废人。原因只有一个，我们的教育是不计较教育成本的，但凡有一个成功者，就可以无视数十上百个失败者的存在。卓越和至善，总是人群中的少数，因为成就少数而忽视大多数，教育就真的实现了它的价值了吗？

有人或许要说，所谓高标准严要求，要求高一点总归是好的。其实，这是一个需要被终结的关于教育的流言。当我们提出一个超越一般人性水准的要求时，更多的不是激发人们向上的意志，而是唤起他们自暴自弃、自我放纵的欲望。教育心理学研究发现了一个很有意思的现象叫“习得无助”（learned helplessness），大概就是描述的这种情形。当学生对教师提出的教学要求感到无法实现的时候，他们往往采取彻底放弃的态度。事实上，培养卓越没有尽头，好了还要更好，所谓这山望着那山高。但问题是，我们的教育却常常守不住最应该守住的底线，如最基本的文明素养、最基本的科学素养。一个人读了12年书，却没有基本的生活能力，对世事人情一无所知，我们的教育可以向社会交代吗？我们提出过要把学生培养成为社会主义事业的接班人，但是不应该忘了，首先要让他们成“人”，然后才能够要求他们成为接班人。但是，我们总是想跳过最基本的，而直达最高端的。比如，我们都知道焦裕禄、孔繁森是优秀的甚至是卓越的基层领导，于是要求所有的领导干部都要成为“焦裕禄”或者“孔繁森”，结果并没有如愿。我们不否定的确有一些“焦裕禄式”的好干部，但是也出了一批贪腐败坏的坏干部，甚至这样的干部有很多。我们要求人人成为“雷锋”，但是整个社会道德水准的下降，似乎已经成了不争的事实。

如果我们检讨这些年教育犯的过错，我想首先是教育观念出了问题。我们只盯着那些所谓的成功者，而忽略了教育的作用，它首先是要让整个社会变得更文明、更理性、更温暖。而一旦失去这样一个更文明、更理性、更温暖的社会基础，卓越者也只能靠天赋异禀来成就了。更可悲的是，一旦这些卓越者出现，我们却又沾沾自喜地以为是教育本身的功劳，这不过是自欺欺人。

教育其实首先应该关注受教育者普遍水平的提升，同时为每一个受教育者的发展提供可能的环境与条件。唯有如此，我们的教育才是真正对民族负责任的教育。一个刚从北欧旅行回来的朋友告诉我，她在那里感受到了安全与热情，虽然酒店未必有国内的奢华，但却实实在在让人感受到了温馨，“我觉得在那里旅行比在国内还有安全感”。这让我陷入深深的愧疚，因为我们的教育并没有在改善社会环境方面做出自己的努力。

当面对那位不想让孩子继续读高中的村民时，我真的很希望能说：经过学校的学习，你的孩子才能够成为一位懂道理、会生活、体贴温暖的人。而且，我希望我说这样的话时，内心是充满了坚定的自信的。

09 何必“让每一堵墙都说话”？

我经常逛街，因为我相信在闲逛中会有更多的想法。比如，我曾经就去了位于淮海路的IAPM，这是一个豪华的商业广场，装修设计非常好。在一个转弯处，我被一堵装饰墙吸引住了，凸起的几何装饰由于背景灯光的照射，给人一种柔和、平稳的感觉。如果你手边正好有一本书，我觉得你会很快打开它，然后在这样的环境里开始专心地阅读。这时候，我忽然有了一个想法，如果我们的学校有这样一堵墙，效果是不是应该很好呢？不过，我又很快否定了这样的想法，因为我不能确定没有明确的口号标语的装饰墙，是否能够被现在的大多数学校接受——但是，我真的觉得学校的墙壁实在是太“聒噪”了。

在中国，几乎所有的学校墙上会有很多的标语，要不是学校的办学理念、校风校训之类的东西，要不是不厌其烦地在自来水龙头边贴上“不要让眼泪成为地球上最后一滴水”，或者在厕所里贴上“上前一小步，文明一大步”“来也匆匆，去也冲冲”，或者在餐桌边贴上“谁知盘中餐，粒粒皆辛苦”，要不是在草地上插上“依依芳草，踩之何忍”之类的提示语。这是很多学校所谓文化建设的重要经验，叫作“让每一堵墙都说话”。

是不是每一堵墙都说话了，我们的教育目标就会达到呢？记得有一次在一所学校访问时，我问一位刚从自己班级里跑出来的学生，你们教室外面的墙上贴着哪位科学家的画像，他说了什么名言？学生支支吾吾地猜了几个，都不对。我说，你不是每天都在教室里进进出出吗，为什么不知道墙上贴的是什么呢？那位学生说，每天都匆匆忙忙的，没顾上看。喏，这就是所谓的效果，“熟视而无睹”，就是对“让每一堵墙都说话”的回答。

另一次，我遇到一位女高中生，她对我说自己特别反感草地上“依依芳草，踩之何忍”的提示语，“好像我们一定会去踩它似的”——她说话的时候，露出很委屈的神情。

在我任教的学校，有一幢楼叫“济美楼”，名字来自《左传》，所谓“世济其美，不陨其名”。它的周围长着许多橘子树，橘子成熟的时候，黄澄澄的，煞是诱人。不过，橘子树旁边并没有“请勿攀折”之类的牌子，学生也不会去采。来参观的教师表示很惊讶，而我总是淡淡地说，“这大概就是我们学校的‘腔调’吧”。非我之属，莫之取也，在我看来不过是一个人最基本的素质而已，用不着大惊小怪。当然，学校里我喜爱的还有随意放置在门厅里的钢琴，每个学生都可以走过去，坐下来弹一曲，即便不会弹，小心翼翼地打开琴盖，轻轻地敲击一下琴键，让那清脆的乐音在过道里飘荡一会儿，也是很美的。每天中午的时候，总会有些此中高手在那里弹奏，乐声悠扬。有一次，我对同事们说：孔子所谓弦歌不绝，大概就是这样的情形吧。而且，虽然没有“爱护公物，人人有责”的牌子，这架钢琴放在那里好多年了，从没有损坏过。我不敢说，这两件事之间有什么必然的联系，但是至少我知道，孔子的家里一定不贴标语。

还有一件事情，也让我很有感触。有一次我参加社区活动，带一群大妈参观上海音乐厅。一路上，大妈们的大嗓门让我很担心，但是当她们进入上海音乐厅这座富丽堂皇、颇具法式浪漫风情的建筑时，人人都压低了嗓门，还时不时地相互提醒。这让我很是感慨。那一刻，我真切地感受到了建筑本身的力量。

说到底，我还是很反感我们这种“标语满天飞”的状态。我觉得这样直白的“教育”，不但发挥不了教育的作用，有时候还会产生负面影响。大家有没有注意到，大凡写着“请勿乱扔垃圾”的地方往往是垃圾最多的地方，写着“在此处撒尿者是王八”的地方往往尿迹连连。其实，中国长期的封建专制统治造成的一个十分恶劣的结果就是“话语权对立”。百姓总是自觉不自觉地站到“话语权”拥有者的对立面，并且下意识地认为，只有这样才能为自己谋取最大利益。所以，明明写着“文明行路，不闯红灯”，只要没有监控，大家纷纷去闯，全然不顾红绿灯是对所有行路者的保护这个事实。此外，“话语权”的拥有者又有着滥用话语权的癖好，上至国民精神，下到吃喝拉撒，都要表达一下自己的指导性意见。这就造成了标语的泛滥。

此外，时时处处的标语，其实也体现了对人的不尊重和不信任。该怎么吃饭，该怎么上厕所……似乎料定你一定不知道这样的道理。殊不知，这种不信任感有时候反而会激起人们尤其是年轻人莫名的“逆反”情绪。熟视无睹，是说标语的无用，一旦激起逆反情绪，则会走向贴标语者意愿的反面。

写这篇文章的时候，我的内心一直浮现的是《庄子》中的一句话：“天地有大美而不言。”天地不用整天标榜自己的美好，但是它用湛蓝的天空、闪烁的星辰、繁茂的植被、多样的地形，将自己的美好展现在人们的面前，让人们由衷地感受到天地荡涤人心的美。就像上海音乐厅，它就那样静静地存在着，却用自己的气质和氛围让习惯于大嗓门说话的菜场大妈也敛神屏气。一个纤尘不染的地方，没有人会随便乱扔垃圾；一个气质高雅的人，常常会让别人肃然起敬。道理就是这样简单。

同样，一个不关注学生日常行为规范和基础文明素养养成的学校，贴多少“不许”“禁止”等的标语都换不来校园环境的宁谧和洁净；一个不懂得尊重每个教师和学生的独立人格的学校，也不必奢谈“自立”与“民主”的学校精神。

我并不是说“让每一堵墙都说话”本身有什么错，而是“让每一堵墙都说话”的方式值得推敲。比如 IAPM 的那堵墙，并没有贴上“宁静致远”之类的格言，却会引发人们在喧闹红尘中寻求一刻的静谧与沉思。中国古代的书院，一定是没有物业保洁员的，洒扫庭除，是每一个书生的早课，这样的传统在我国台湾和日本都还有延续。经过自己认真打扫、不染纤尘的环境，还要贴上“此处禁止……”等的标语吗？你以为一堵洁白的墙壁发挥的教育功能，会比贴满标语口号的墙的教育功能小吗？

甚至有时候，我会负气地想，那些要求贴标语口号的人，他们自己真的认同这些主张吗？他们自己能做到吗？如果是口是心非，岂不是更加可怕！

我们一直说要还校园以宁静，是不是也应该包括不要让学校的每一堵墙都喋喋不休这一层呢？

10 对坚守的人表达敬意

应邀去做语文学科带头人和骨干教师的评委，这本来是一件颇为劳烦的事情，甚至我觉得这些东西评来评去意义也很寥寥。但是真的去听了，竟然有了感动，也有了感想。

在不少人看来，生活的窘迫，体制的束缚，学校盛行的官气，已经将当今教师身上本就所剩无几的“知识分子气”挤压得无影无踪，天天对着“一地鸡毛”的烦恼和欢欣，哪里还有尊严和快乐？但当我很惭愧地作为“专家”面对前来面试这些语文老师的时候，我还是生出不少的感动。

记得一位和我年龄差不多的女老师谈起自己申报的理由时说，按照规定，不是学科带头人和骨干教师是不可以带教青年教师的。她对于名利早已看淡，但是总觉得自己的经验和心得应该传授给青年人，所以还是认认真真地准备材料、准备面试。制度是滑稽的，但是面对这样的滑稽，这位老师的选择却是高贵而有尊严的。对于我们来说，将她放入 A 等、B 等还是 C 等或许只是一念之间，但是又如何能够承受得起这位老师内心对语文教学、对教育事业的拳拳之心呢?

还有一位老师，面试结束的时候，他很高兴地取出一本印刷得很简陋的教案集让我们分享，说自己的老教研组长就要卸任了，大家合计着将自己最得意的教案汇集起来，印出来给她留个纪念。

另一位女老师大概也过 40 岁了，自己利用业余时间参加了古诗词吟诵班。她说起自己如何教学生通过吟诵去体会古代诗文的美妙，情动于中，不能自已，当即便吟诵起了柳永的《雨霖铃》。我望着她，想象这样一个孩子的母亲、一个丈夫的妻子，要有多么强大的精神世界，才能够从琐屑的日常生活、家长里短中挣脱出来，如此忘情地投入那个古意氤氲的世界里去。说不定转身出门，她便要匆匆赶去菜场，为一家人准备午餐呢。

一位男老师很认真地对我们说，他正在努力开发一门批判性思维的课程，他要让“公民精神”融贯在自己的教学之中。“什么是批判精神？”他说，“就是始终质疑我们习以为常的生活！”我望着他发亮的眼睛，真的想告诉他，我很崇拜、钦佩他，但是也想问他：你准备好忍受寂寞、痛苦与诽谤了吗？

有的老师讲述了自己如何运用电影语汇指导学生写出美妙的文字，有的老师告诉我他正在开发的一门课程叫作“从A到B”（从爱因斯坦到毕加索），有的老师告诉我关于训诂学与文本解读的关系，而有的老师更是感激鲁迅博物馆工作人员为她提供《白莽作〈孩儿塔〉序》的手稿影印件。

我听着他们热情的叙述，感受着他们对语文教学的热情。在教师的社会形象被日益妖魔化的今天，有这样一群在寂寞中坚守的人，于我是酸楚中的温暖、寂寞中的鼓舞。望着他们，我心中时时泛起的词语是“文人”，是“知识分子”，这是两个久违的词语。

午餐的时候，L先生提起《语文世界》，我告诉他我在那上面有一个《郑老师说诗》的专栏，和大家谈谈自己读古诗的想法，也谈起了自己的公众号“一个教师的行走空间”。我说，与其去写那些“卡拉OK式”的所谓“论文”，研究一些“遵命”的“课题”，还不如写些还有人看的文字，彼此鼓舞，彼此激励。所以，我很认真地经营自己的“空间”，不说假话，不说套话，让大家看到一个真性情的自己。

我们总是抱怨，但是却忽视了周围有那么一些人，在同样的寂寞与窘迫中坚守着。面对这些人，官员们、“有关部门”有什么理由颐指气使，仿佛掌握着他们的前途与命运一般？而我们这些所谓的“专家”，又能否真的用一种虔敬的心去面对这些可敬的老师呢？所以，每一位老师面试结束的时候，我都会对他说：谢谢。

11 好的教育就是改变人的气质

在一个著名企业举办的教育论坛上，我见到了来自北川的黄梅花同学。这位来自大山深处羌族自治州的小姑娘，在2008年的汶川地震中失去双腿，在爱心人士的关心下得到了重新就学的机会，日前被加拿大皇家飞行学校录取，而她的理想是就读培养出众多优秀女性领袖的美国威斯里安女子学院。现在，黄梅花被媒体塑造成一个传奇，但是我被她吸引完全不是因为她的励志故事，而是她开朗坦诚而又从容淡定的气质。她会讲到自己贫寒的亲人，也会讲到自己那梦魇一般的经历，会流泪但却始终保持微笑，而流泪的微笑格外打动人心。或许是讲得太过投入，主办方出于时间的考虑，提醒她可以简短一点。小姑娘并不慌张，及时调整演讲内容，赢得全场掌声。最后，小姑娘深情地感谢了帮助她的好心人，而最后的最后，她感谢了自己的爸爸和妈妈。

在巨贾名流云集的场合，有尊严地流露真情，不矫情也不卑怯，她所流露的精神气质让在场的所有人为之倾倒折服。而我在想的问题是，她原本只是一个偏远山区未经世面的小孩子，在短短的七年时间里，经历了什么能够让她发生如此巨大的变化？当然，是这七年教育的涵养。她来自成都都江堰的一所著名学校。

这也让我联想到另外一个经历。前几年，在一次国际青少年合作项目的面试环节，我接待了一位来自某名校的学生。面试一开始，他趾高气扬，口出狂言，但是当我就他标榜感兴趣的问题与他进行深入探讨时，他则不知所云，甚至最后巴结讨好无所不用其极，结果自然没能通过面试。而我无法忘记的则是，他临走时紧盯着我的怨毒的眼神。

这让我思考什么才是好的教育？我非常反感为升学无所不用其极的教育，那不是成就人的教育，而是毁灭人的教育。真正好的教育，应该是改变人的气质的教育，是看得见摸得着的，用专家的话来说就是“可测量”的，但测量的方式不是考试，而是生活，不是用分数，而是用心灵。比如，那个叫黄梅花的小姑娘，还有那个所谓的名校生，就是很好的例子。

其实，古人很注重气质的培养。曾国藩教育自己的孩子：说话要慢，走路要重，语言虽然直白，但是仔细想来这不就是在培养孩子的气质吗？

知识永远只是工具，它是我们了解和改变世界以及自己的工具。能力只是完成这一改变的条件，所有这些都不足以成为教育的终极目标。改变人，成就人，才是教育的意义与价值所在。如果我们培养出一个有知识、有能力的猥琐者，一个见利忘义的利己主义者，一个毫无担当与责任的怯懦者，那么我们何以坦然地面对我们所从事的职业呢？

一个社会其实不是那么需要全知全能的人，但它需要能够彼此和谐交流、相互尊重的人。人类无法建成通天塔（也称“巴别塔”），不是缺少知识和能力，而是缺少相互间的理解与沟通。所以，成为一个具有优秀气质的人，是人类超越自身的弱点而走向完善的必要条件。为什么中国人现在被全世界视为“暴发户”，不是因为我们有钱了，而是因为我们有钱后有机会向整个世界展示自己的粗鄙。所以，负责任的教育一定要培养出有着真正优秀气质的人来。

而从个人的角度看，优秀的气质能够让我们的人生得到更强烈的幸福感。沉静待人，沉静做事，我们才能发现自身和周围世界美好而又深邃的内涵。让我们站到情感与理性的制高点，观照我们的世界与人生。更重要的是，我们能够因此而拥有更独立的人格和捍卫自身尊严的勇气。

吴非先生将好的气质概括为以下几点：为人（吴非先生的原文是“做事”）大胆有勇气；做事稳重有耐心；行为规范有礼貌；胸怀宽阔要坦荡；衣着整齐要干净；对人谦恭不卑微。言浅意深，值得所有从事教育工作的人好好地思考。

但是，我们现在的教育却被功利主义挟持了，争分数、争排名，为奖金，为政绩，喧嚣匆忙，心中全然没有了那个“人”字。在一所学校，我正和一位教师朋友谈天，就见一个学生昂然而入，将本子甩到桌上就要离开。我实在是有些看不惯，就批评了他两句，或许因为是外来的，也或许我的气势震住了他，那个学生一下子惶恐起来，嗫嚅着走了。我的那位朋友偷偷地对我说，也就是你可以说说他，他可是我们学校的宝贝，刚帮学校拿了块金牌，可是学校的一宝啊。这样的宝贝，真的走上社会，会觉得幸福吗？他周围的人会觉得快乐吗？

我在国外旅行或者参加学术活动的时候，常常会被误以为是台湾人，这让我很奇怪，难道台湾人和中国其他地区的人有很大的区别吗？每次我都很认真地纠正他们，告诉他们我来自上海。直到有一次，一位香港地区的朋友直截了当地说：“我觉得你的气质不像内地人。”我觉得自己的内心受了很大的伤害。我不觉得这是对我的夸奖，而是对一个教育工作者最大的伤害。

12 请为青春鼓掌

我曾应邀（同时被邀请的还有不少学校的校长和有关领导）去上海市实验学校观看学生演的历史剧《商鞅》。学生演戏，以往我更赞赏他们的勇气和努力，至于效果是不作什么奢望的。但是那天的戏，却把我带了进去，让我找到了在剧场看话剧的感觉，也真的走进戏里去了，似乎不是一些高一高二的学生在演，而是真的在面对那个时代、那些人。结束的时候，我和小演员们交谈，赞美他们，并说：青春年少，大家一起做一件大事的经历是最美好的。

之所以这么说，是因为我想起自己高中临近毕业的时候，疯狂地出杂志、排戏，每天披星戴月地骑着自己的破自行车回家，觉得自己是一个背负着神圣使命的圣骑士。我的师弟曾将那时候出的杂志捐给了母校，如今再看，不过是几本印刷相当粗糙的油印刊物而已，文字也幼稚得可以。但在当时，我们都觉得是一件非常了不起的事情。为了组稿，为了推敲某篇文章或者为了社中某些事务，我们可以通宵不眠。至今还记得，我们几个在漆黑的夜里，站在旷野里忧心如焚地交谈时的样子。

经历了这些，如今做了老师，我也就格外懂得学生为了一件自己觉得了不起的事而努力的样子是可贵的，是值得尊重的。因为在他们看来，这些承受了他们全部的青春重量。所以，每当学生煞有介事地做一些在成年人看来未必有意义的事情的时候，千万不要从鼻子里冒出冷气，高高在上地说："这算什么呀。"尊重学生，就是不以市侩的标准去衡量他们为之努力的每件事；尊重教育，就是将这样的意识变成自己恪守的准则和信条。

但是现实是，在观剧的过程中，我周围的一些人便陆陆续续地退场了，当着台上演出同学的面。我理解他们，一定是工作繁忙，有开不完的会，接不完的电话和见不完的人，但是今天，面对学生的倾情努力，我真的想说，你们能不能为了这些孩子，为了这些努力的少年，不开那次会，不接那次电话，不见那个人，好好地欣赏他们的付出，为他们鼓掌，为他们喝彩呢？面对陆续退场的他们，想着这些做教育的人，却如此忽视学生的努力，我的内心充满悲哀。

这让我联想到曾经参加的一次教育界的重要年会。那是一个教育界的大佬、大腕、大鳄、大咖云集的年会，会议间隙，主办方安排了一个学生室内乐团为大家演奏。他们的演奏真的很棒，但是教育界的"精英"在干什么呢？寒暄握手、签名合影一片忙乱，根本没有想到台上还有学生在努力地演出。而我坐着，在每一个曲目结束的时候认真地鼓掌。令我感动的是，会场中渐渐有了应和我的掌声。我对每一个鼓掌者表达我的尊重，包括我自己。所以，在随后的嘉宾访谈环节，我对主持人也对全体与会者说，教育其实就是尊重，尊重其实就是素养。说了半天的素质教育，最后我们教育人自己不懂得尊重，这才是最大的悲哀。

讲这两件事，其实想说的是一个意思，那就是认真付出的青春是值得尊重的，我们对学生的尊重是对他们最好的教育。这个社会缺少敬畏与尊重，这其中包括一些从事教育的人对于尊重的漠视。所以，不要急着引进这个模式那个模式，不要急着将这个仪器那个设备带进课堂，也不要急着讨论是不是要拆掉学校的围墙，当务之急是重建教育的基本价值。弄清楚什么是教育，或许比什么都更重要。

13 教育宣传：让社会听到理性的声音

在一次学术活动中，Y 老师介绍了他们耗费五年时间研制的一个基于网络平台的学科适性训练和评价系统，这个和台中教育大学共同研发的系统很好地解决了学生个性化学科训练的问题。最让我感动的是，Y 老师说，他们并不想大肆宣传，因为还需要更大的样本进行研究，需要积累更多的数据，而科学研究是来不得半点虚假的。

就在我为此感喟不已的时候，我的手机上收到别人转发的一条来自某教师报的报道："震撼！惊奇！颠覆！……学校从小学一年级到高三年级，没有固定教材；课前无预习，课上无笔记，课后无作业……"小标题更加惊悚："不用教材如何教学""无师课堂如何实现""无作业如何出好成绩""不上语文课如何能学好语文"……以我有限的教育学知识，大概知道这些标题都是反常识的。不过，我不是一个无端否定别人的人，所以还是很想了解究竟。我看了该学校的贴吧，读了别的学校的教师去该学校参观学习的心得体会，甚至在网上还搜到了该所学校介绍自己时用的 PPT。凭我的经验判断，这所学校不过是又一个被恶意包装出来的高考集中营。一位去参观的老师这样介绍："学校凡是能利用的黑白（板）都满满地写着数学题、化学题还有英语题……""校长要求老师在课堂上只出示课题，然后让学生认真思考后自行解决，有难度的讨论解决。"如此等等，不一而足。也有老师在观摩后说："在我的观摩中，我发现一个有趣的现象，我了解到历史、地理、生物、政治（也就是思想品德），校长只是让学生自己学习，教师不作过多的讲解和练习。这样的学习是不是不利于学生的整体发展呢？学生从初中就开始淡化这些科目的教学，会不会影响高中后的学习生活呢？人们都说教育是长效的投资，这样的淡化式教育会不会影响学生以后的发展呢？”

这篇报道还让我想起在中国基础教育界搞得沸沸扬扬的另一所学校。该校由于炒作而一夜爆红，其教育模式风靡大江南北，参观学习者络绎不绝；如今却早已成为“明日黄花”，从它获得盛名到凋零衰败，前后也不过四五年而已。现在推出的这个“三无”（无预习、无笔记、无作业）学校或许就是那所学校的升级版，只是更加疯狂而已——“常识”未必就是真理，颠覆常识，未尝不可；但是，这样的颠覆需要冷静、理性的分析，需要对教育有更深刻、更准确的认识。

比如学习，人的智能除了学习能力之外，还包括“元认知”能力和对环境的适应能力。单一的学习内容和学习方式的刺激，不利于“元认知”能力和环境适应能力的提升。但是，被媒体炒作的几所学校恰恰都拥有一套最简单粗暴的学习模式，试想学生每天用同样的模式学习，他们的人生感受会是怎样的呢？至于“无预习”，那么课上学生在没有教师示范的情况下，滔滔不绝地讲解演算的知识与能力又是从何而来呢？没有笔记，学生如何进行复习和知识再现呢？没有课后作业，是不是用了偷梁换柱的方式将作业转化为别的形式呢？从那个被媒体炒作得如此神奇的学校的实际情形看，学习管理的最基本方式还是以机械的刺激反应理论作为心理学的基础的。

我曾经深入研究过某个据报道推行了“某某模式”而一夜成名的学校，发现首先学生的全部学习内容是围绕考试科目和考试大纲展开的，每个学生都有一本类似于考点详解的参考书，每天都要预习（背诵）这本书的一个指定的章节，而上课就是再现这本书上的内容而已，然后用大量的课堂习题训练来强化这样的学习。所谓没有作业，是因为所有习题都是书上的，所有答案也都在书上，他们通过一套严格的学生相互监督的制度，保证学生有一定的“刷题量”，而教师自然就没有“作业本”一说了。什么全面发展、因材施教、身心健康、审美教育，实际上在这里并不在考虑的范畴之内。这样违背教育规律的学校，却因媒体的炒作而在基础教育界大行其道，这样的怪现象是不是值得深思呢？

更重要的问题是，教育的最终意义难道就如此单一吗？考纲就是“圣经”吗？在这样的教育中，首先消退的就是对人的关注与尊重，让成绩成为办学者、炒作者手中博取名利的砝码。

对媒体，我的想法大概有两点：其一，对教育这个行业应该抱有敬畏之心，教育是专门的学问，不能为了博人眼球而肆无忌惮；其二，新闻报道也是天下公器，新闻工作者应该秉持公心，借教育新闻交易炒作谋取私利者，应该被鄙视与抛弃。真心希望那种“颠覆”“惊奇”之类的吆喝，可以在我们的媒体报道中绝迹。

14 那道被遗忘的烛光

那天早晨，我来到办公室，打开浦东教育发展研究院王丽琴老师送我的《被遗忘的烛光——“城中村”教师生存实录》。我忽然觉得自己似乎闯入了一个完全陌生的世界。我知道教师的清贫与无奈，但是我接触的最多的还是那些公办校教师，即便是遭遇欠薪，至少还可以骂骂咧咧、理直气壮。但是那些农民工子弟学校的教师所感受到的生活和精神上的压力，恐怕不是我们可以想象的。

许多人以为农民工子弟现在可以按学区进入公办学校就读，殊不知，由于种种政策的限制，在上海很多农民工子弟只能去那些民办的农民工子弟学校就读。而这本书讲的就是发生在这样的学校中的教师的故事。

我读着他们自己叙述的一个个故事，心情真的很沉重。他们中的不少人有着年少的憧憬，有着靠自己打拼的勇气，但现实中，他们或者在漂泊无依中茫然失措，又或者为了家庭忍辱负重咬牙坚持。他们有着高校毕业生的学术光环，却也有着异常憋仄的现实生活（生活质量远低于不少有技术、有手艺的农民工）。对于他们来说，大城市是一个种在心头的虚幻的梦，但现实的情形，如果套用朱自清的话来说就是：“热闹是他们的，我什么也没有。”即便如此，他们却还在为这个梦而坚持，把希望寄托在了明天……一天十几个小时的工作，有的人既要教语文，又要教英语，甚至要在几个相距十几公里的教学点轮转上课，每天天不亮就要去“押车”（陪同学生乘坐校车），晚上要送完最后一个学生才能回家。拿着区区 1000 多元的工资，而且这样的工作还朝不保夕，他们的心情始终处于凄惶忧恐之中……

他们的故事，让我感动的就是他们对学生投入的情感。教师真的是一个特殊职业，这个职业常常需要投入自己的情感，让它和自己的生命体验紧紧地结合到一起。在他们自己叙述的故事里，我不止一次地读到他们对于这些行走在城市边缘的学生的关注和爱，这甚至成为他们本不丰盈的生活中罕有的慰藉。甚至有时候，这些学生就是他们坚持下去的理由。由于信息闭塞，他们对于培训有着格外的渴望，甚至认为能够参加培训是学校领导对自己的格外"恩赐"。这既让人感动，也让人为之鼻酸。

当然，他们中绝大多数人的理想是考取公办编制，获得身份的确定和经济的稳定。但是，这样的路有多艰难，大概只有他们自己知道了。

读这样的文字，我心里想的是，我也是一名教师，也常常会为自己的生存状态而产生抱怨，有时也会在严苛的现实面前心灰意冷。但是当这些被我们遗忘了的教师走进我们的视野的时候，我忽然觉得自己是心怀愧怍的，因为他们的坚持所付出的代价远远高于我们。我们说做教育应该有情怀，但是我看到更多的是日益职业化的冷漠。请原谅我在这里将"职业化"变成一个贬义词，要知道在中国文化的语境中，"职业化"并不意味着专业、规范与标准，而是意味着冷漠与价值交换。这是我作为一个教育工作者感到最赧颜的地方。什么时候，又是为什么，我们的教育热情开始潮退了呢？

我想到自己，有时候顶着"专家""名师"的名头受到各种邀请，坐在台上指挥倜傥，以逞口舌之快之时，又哪里会知道有人能够得到一个听讲学习的机会和资格是多么的不容易呢？我们是不是应该为此而有所惕励呢？

当然，我并不是说农民工子弟学校的教师都是圣徒，在字里行间也能够读出老板（学校的出资方）的唯利是图，读出不少教师为了自己的生存机遇而对学生的不负责任，也会读出由于政策学校生源的萎缩及其衰败等。即便是参与采访的教师，对于自己的前途，也是在忧心忡忡地各寻退路……

我知道一切都很难，教育的问题有时候并不是教育自身可以解决的。

但是，在社会进步的同时，我们的教育是不是也应该有所进步呢？千难万难之中，我们总是要有所考量的，辜负了未来，也就失去了自己。一个民族对教育的忽视，是对自己最大的背叛。巴尔扎克说过：教育是民族最伟大的生存原则。这种忽略并不一定是物质层面的，而是一种精神和文化上的忽略，是一种在价值权衡上可以首先牺牲的忽略。而在这些被遗忘的微弱的烛光里，我读到的就是这样的一种“忽略”。

第四辑

教师所任：让花朵传递风的姿态

01 教书与谈天

有青年教师问我："郑老师，你教了这么多年书，难道没有厌倦过吗？"我认真地想了想，真的没有。为什么？自己也说不清楚。

不过从个性上说，我是一个好谈天的人，喜欢跟别人摆龙门阵，而教书在我看来就是一个"摆龙门阵"的事儿。首先是自己喜欢，乐此不疲。其次，谈天的对象也要喜欢，听得入迷甚至与你质询较真，这样才有趣。最后，当然要有一点摆龙门阵的技巧，起承转合，得有一套法子，否则没人陪你玩儿，岂不是很无趣？

首先是喜欢，虽然我常常觉得自己多少有点儿像荀子笔下的"小人之学"，"入乎耳，出乎口"，有时真的有点儿"显格格"（上海方言，"显摆"的意思），但是"学问"这东西饥不能当饭，寒不足为衣，想以此炫耀于人，也足见对此的喜欢。这恐怕是自己至今不倦于教书的基础。好在语文博大精深，我东碰西撞，到了40岁才开始窥其堂奥，有了"觉今是而昨非"的感觉，虽然愚钝，却又常常能因为思有所得而喜不自胜，美芹而欲献诸人。"我教的都是我信的"，别的不敢自夸，这一点还是足堪欣慰的。有人将学问做了"谋稻粱"的手段，这就是值当不值当的考量了，做老师不是教"点金术"，哪里能够"裘马世家"呢？要说值当，那绝对是不值当的，这样计较下去，教书自然就变成苦役，度日如年，总想早日脱身为好。其实这样想的人，人生也未必快乐，再加之这样想想也并不是就谋得了"稻粱"的，这岂不是更大的不值当了吗？

其次，须知谈天的奥妙不在于谈天的内容，而在于你对谈天对象的态度。我在一篇文章里说过，写文章有教训人的，有与人谈天的，有向人求教的，也有借写文章而取功名利禄的。这几类文章里面，我最喜欢的是与人谈天的，因为与人谈天是一种平等的态度，圣贤之道未必在我，接舆楚狂，荷蓧丈人，辩日小儿，哪一个能够睥睨待之？即便真的懵懂，天真里也有不少至道的。谈天，人港投缘则相见恨晚，话不投机则一拍两散，如果学生是硬被圈在课堂里的，他们只能是昏昏入睡，那个喋喋不休的人就会颇有受挫之感。谈话的时候，听话人的一个笑容、一句应和甚至是质疑的询问，都会让说话者兴趣陡生，穷形尽相，也足以让听话人驩驩哈嘔嚎。如此相得益彰，课堂岂不是一个美妙的人生经历？所以，无功利、重体验的谈话，实在是一件很享受的事情，每天能够如此，不是一件快乐的事情吗？

最后，当然要有方法和技巧。有一些教师对于所学孜孜不倦，每有所得则欣然忘食，但是喋喋不休想要告诉别人的时候，却把大家说得兴味索然，急欲逃走。一方面，是内心无他人，直欲作强梁，不管三七二十一就是要讲给你听；另一方面，是不知道顺而导之、渲染铺垫的奥妙。交谈总是从“公共话题”开始的，因势利导，才能引人入胜。这是进行愉快的谈天的基础。另外一点就是，我们说话要有个性有感染力，将谈话对象吸引过来，让他们有一种欲罢不能的感觉。而这一定是以自身对所研究问题有极大的热情为基础的，也与自己的人生阅历有着莫大的关系。当然，选择合适的语言形式也很重要，这些都是素养与经验。

其实，最关键的一点就是要有一颗“仁心”。人与人交往有时候并不是单纯地靠理性，更多地依赖于直觉，有一颗关爱之心、仁厚之心是一切的关键。书法也好，武学也罢，都有所谓“无法”胜“有法”、“无招”胜“有招”的说法，而这些“无”的背后一定是有一颗“仁爱之心”的。其实，学生也是很敏感的，他们能够分辨出无私的关怀与功利的追求。我一直说“孩子是最不可以糊弄的”，其实也可以说“孩子是最不会被糊弄的”。教书是讲道理的，讲道理的出发点是为他还是为己，虽然可能讲的道理是一样的，但是效果却是天差地别。

正因为能够在这样的谈天说地里感受快乐，感受学生对你的钦敬与爱，人生便有了快乐感和幸福感。我常常会想，人生中孜孜以求的东西，不就是“快乐”二字吗？

02 让倾听成为教师课堂教学的习惯

有许多青年教师向我打听上课的秘诀。其实，上课就是交流，未必有“放之四海而皆准”的所谓“秘诀”。各有各人的便宜法门，彼之蜜糖，或许会是己之砒霜，原因是各人对教育的理解、具体的教学内容、交流的对象、人际关系以及当时的学习氛围，都有着非常微妙的差异，想用一种法破百样执，本身就是妄念。要想真正教好书，就要了解教学行为的规律和本质。《礼记·学记》里的一句话“道而弗牵，强而弗抑，开而弗达”，基本上就说出了教学的奥义。如何才能达到这样的境界？苏轼关于绘画说过这样一句话：“画奔湍巨浪，与山石曲折，随物赋形，尽水之变，号称神逸”，其中最关键的一个词语就是“随物赋形”。上课如果说有什么秘诀的话，那就是要有“随物赋形”的本领。“随物赋形”落实到教学中，就是要根据学生的学习状态，予以相应的指导。这里的“物”，就是学生的认知行为和认知结果；这里的“形”，就是我们进行的所谓“教学设计”。而要能够把握学生的“物”，最要紧的自然是“听”，这是了解学生学习状况的一个重要途径（当然，还有“看”“感”，不过本文先说“听”）。所以，如果要对青年教师提升教学水平有所建议的话，我的建议就是首先要学会“听”。

事实上，在具体的言语交流中，“听”是前提，也是基础。没有“听”，就没有“说”。听不明白，也就说不到位。《论语》中，子路、曾皙等人在孔子面前谈论自己的志向，孔子表扬了曾皙，曾皙自然很得意。他故意磨磨蹭蹭，拖在最后，等其他同学走了以后，问老师：“夫三子者之言何如？”孔子听懂了曾皙的意思，那就是：“老师，你再夸夸我呗。”这个时候，孔子就觉得曾皙有点过了，所以说“亦各言其志也已矣！”（不过是各人谈谈自己的志向罢了！）这句话的意思就是提醒曾皙别太将自己的表现当回事儿。可惜曾皙没有听懂，死缠着问，孔子于是就指出自己笑子路，是因为子路太急躁，没有谦退之心，接着又表扬了冉有、公西华。意思到这里，已经很明白了。孔子听出了曾皙言语中的骄尚之心，所以委婉地批评了他，但是曾皙却不太会听，没有理解孔子的真实想法。可见，真正交流活动的发生，一定是要愿听、能听和善听才行的。

但是，在许多教师的课堂里，主要的表现则是不愿听。常常看到教师在课堂里提问，请同学回答问题，一个同学站起来说了自己的看法，教师就说:“好的，坐下再想一想。”另一个学生站起来回答完毕，教师环视全班问:“还有没有不同意见？”直到有的同学回答出了教师希望的答案，教师才露出笑容说:“对，某某同学回答得真好。”我把这称为“选择性失聪”。教师对于学生所谓“错误”的答案充耳不闻，只有对于他认为正确的答案才会做出反应。一堂课就像是在猜谜语，猜错的不知道错在哪里，猜对的也不知道自己是怎么对的，这样的课堂教学实际上并没有发生。而我们很多人就这样一堂课一堂课地在没有真正的学习发生的情况下“学习”着。

不愿听的背后有两个问题。

一是对教育本质的理解问题。有些教师骨子里还是觉得“真理在我”，教学就是将自以为是真理的东西“传授”给学生。然而，真正的教育应该是“道而弗牵”，就是让学生发现通往真理的道路，这路应该是他们自己走的，学习不是发生在这条路的终点，而是发生在走向终点的过程中。听，就是去感受学生“走”的过程，走得是否得法，有没有走上歧路，而学习就在学生的摸索前进中发生了。“教学”一词的含义，不是教师教（知识）、学生学（知识）的并列关系，而是教师教、学生学（知识）的动宾关系。如果没有这样的教学观，我们就无法真正实现教学的意义与价值。

二是技能问题。有些教师高高在上，扮演着知识的传递者的角色，根本不关注学习者的所思所想，所以在他们看来，只要善于说就行了，“听”

并不重要；有了这样的想法，他们自然不会在听的技能上下功夫，自然不会倾听了。“倾听”是一个很有意思的词语，不仅仅是要用耳朵来听说话者的言辞，还需要一个人全身心地感受对方在谈话过程中表达的言语信息和非言语信息。所以，倾听的前提首先是对言说者的尊重，那种貌似和蔼的“坐下再想想”，那种明显表示忽视的“还有不同的意见吗”，其实都是对言说者的不尊重。所以，“听”的前提就应该是尊重。其次则是理解，要从言说者的角度理解他们遣词造句、神情举止所表现出的意图、动机和信息。锣鼓听声，说话听音，是一个持续不断的经验积累的过程，也是一个教师应有的专业素养。

当然，“听”只是教学活动展开的基础，并不是教学活动的全部，但是正如佛教所谓芥子中有须弥山一样，教学活动中的“听”实际上包含着非常精深的教育意义。只有通过“听”知道了学生的思维、情感的走向，才能有“随物赋形”的教学上的灵动与机智，促使学习行为真实地发生。

03 教学是件技术活儿

我在看台湾地区一位化学教师唐全腾的《教师不可不知的心理学》这本书，现在几乎是逢人就推荐它，原因是这本书真的很有意思。

我之所以强调这本书的作者是一位化学教师，就是想说我们每一个教师其实更多的不是靠学科知识而是靠专业知识在工作。许多教师要是真刀真枪地下考场和学生一起考试的话，未必能够全身而退，被许多学生超过也是有可能的。既然如此，我们凭什么站在讲台上，完成我们的教学工作呢？其实，更重要的是我们应该有"专业技术"。不过，这种专业技术非但被师范教育忽视了，还被我们自己忽视了。教师的专业技术究竟是什么？我以为大概有三个方面，一是"知识论"，了解知识的来龙去脉，了解知识间的关联以及知识与现实的关联；二是咨询沟通技术，知道怎样观察、了解他人，怎样和人打交道；三是组织管理技术，知道如何协同各种资源去完成一个既定的目标。这些技术分别针对学科、学习者个体以及教学组织。在目前的教师专业发展过程中，我们最缺乏的东西大概就是这些专业知识了。唐全腾老师作为一名化学教师，却能够清醒地意识到这一点，跳出化学学科的樊篱，从心理学的角度，以一个教师的专业身份对咨询沟通方面的技能下了很大功夫，作深思考，成大功德。

其实，我所惊讶的另一个方面是台湾地区教师的生存状态。中学的一名普通化学教师，却有空跑到台大进修心理咨询师。而且，在大家还在跟着教师亦步亦趋的时候，他已经写出了一本关于教育心理的书，可见他对自己职业的专注与热爱。我们平时所讲的专业发展或者职业意识，大概就体现在这些方面吧。其实，我读过的台湾地区教师写的书还真不少，有谈人生的，有谈社会的，虽总与教学有关，但是却涉及天地人生，见闻之广、认识之深常常让我们喟叹不如。这也从一个侧面反映出台湾地区教师的生存状态，至少他们中间有许多人可以不为日常琐碎的事务所困，也不会有对未来生机的隐忧。月白风清的时候，他们可以以自己随性的文字去写写自己日常的思想。

再说心理学。《教师不可不知的心理学》虽说是谈心理学，但是却谈得贴心贴肺，热心热肠。但凡有教师资格证的教师，当初大概都是考过教育学和心理学的。但是，真的觉得学的那点心理学有用的又有几个呢？恐怕除了记得巴甫洛夫那只流口水的小狗以外，所剩寥寥。而在我们日常的教学中，那种典型的 *R=f(SoA)* 的刺激—反应的函数关系不正根深蒂固地影响着我们的教学吗？一方面，被《放牛班的春天》感动，但又不断重复着惩戒式的教学，不正是我们不少教师的常态吗？另一方面，不少心理学的著作往往是高头讲章，令人望而却步，如此之书，说得委婉点叫作脱离实际，说得刻薄一点就是写了之后除了让人厌恶心理学之外，恐怕不会有别的效果。但是这本书却很好，每一种心理现象都由一个故事带出，而那个故事也一定是发生在我们身边的事情。不着重讲原理，而是关注心理原理的运用，所以对一线教师来说真的很有用处。因为有些技术，我们未必一定要知道发生的原理，只要能够切实地运用就很好了。

这其中，我以前了解的就是“破窗效应”：一点小的问题如果不能够得到及时解决，就会蔓延而不可收拾。这次阅读，我感受比较深的一个是“习得无助”（learned helplessness）。我们常常会发现有些学生学了一段时间之后会产生厌学情绪，实际上就是这种心理效应在作怪，而根本原因则是我们提的教学要求太高，学生无法达到。所以，当我们遇到学生上课不认真听讲、不按时完成作业或者考试作弊时，先不要急着在他们的品德上找原因，而应该反思一下自己的教学是不是让他们陷入了习得无助的状态？塞里格曼的小狗实验告诉我们，体会成功对于学习者来说，是多么的重要。

另一个则是“恋爱基模”（love schema）。人们的认知都是形成一个基本图式的过程。图式越是完整，行为的成功概率也就越大。学生恋爱的过程，也是一个图式（基模，schema）形成的过程。俗话说，“初恋时我们不懂爱情”，实在是将“恋爱基模”的道理说得很清楚了。所以，我们如果对学生间的朦胧情感熟视无睹，不作及时的指导，恐怕就会造成教育缺位，让学生在一个不完整的恋爱基模上开始自己的情感生活，最后受伤害的一定还是他们自己。

这样的心理效应的讲解有许多，对我的启发也很大，真的希望大家都能够分享到我读这本书时的快乐。

当然，在津津有味地读这本书之余，我越来越深切地感受到，教育是一件技术活儿，没有一定的教育知识和教育技能，即便有再高超的学科知识，有时也未必能够取得良好的教育效果。另外，正因为教育是一个充满技术含量的活儿，更需要我们不断地研究与探索。同时，在这个过程中，我们更能感受到这份工作所蕴含的挑战与魅力。

说到这里，顺便说说台湾地区教师写的另一本书《教师不可不知的哲学》，同样值得一读。还有“习得无助”，我们翻译为“习得性无助”，“恋爱基模”我们翻译成“爱情图式”，作为一名语文老师，实在有些为我们的语文水平汗颜。这当然是题外话。

04 为理想主义夯实技术的基础

每次面试来应聘的青年教师，我总是会听到他们充满激情的陈述：“只要有爱，就能改变一个孩子”；“敞开心扉，你就能走进他们的世界，成为他们的朋友”；“让我们的课堂充满温暖，闪耀人性的光芒”……

有一次，我实在忍不住就问了他们这样一个问题：有没有想过，你们的学长在应聘的时候，也如此激情四射地表达自己对教育的乐观主义态度，但是为什么，现在他们不再如此乐观、如此充满信心了呢？

我之所以这样问，是因为我对青年们这样的自信与乐观是有所担心的。但凡一个职业，如果一开始就知道其艰难而能够投入其中，砥砺精进的话，似乎成大材的可能性更高一些。如果一开始就自信满满，不知其中的艰险困苦，而欲凭一时热情而有所成就，似乎就困难得多了。我真的不知道，这些年轻人的自信来自什么地方？是在实习学校上了几节课，和一群孩子一起举行了一些活动，成为一些孩子的好朋友，就非常自信地以为自己可以做一名好教师吗？抱着这样的心态去做教师，面对平常琐屑的日常工作，在日复一日年复一年的“重复”中看着自己渐渐老去，抱怨之余不知道还有几个人会想起自己曾经信誓旦旦的话语。

我由此想到的一个问题是，我们是否真的让所有从事教育工作的年轻人意识到了这是一个充满挑战的技术工作？很多人会跟我讨论那些似是而非的教育观点——其实与其说是教育观点，不如说是某种程度上的伪“心灵鸡汤”。比如，一个教师默默地将教室打扫干净，就能够感动学生，于是这个班级的卫生工作再也不要教师操心了，因为“榜样的力量是无穷的”。但事实如何，大家一试便知。比如，发现学习成绩差的学生身上的优点，鼓励他，他就会发生质的飞跃。这个观念尤其危险，照此做法，这个学生或许就此放弃学业，转而全身心地投入那个所谓的“特长”或者“优点”以获得更强烈的自我存在感，才是最正常的反应。但是，我们的年轻人恰恰是抱着这样的一些信念进入教师行业的，当理想的脑袋撞到了现实坚硬的厚壁墙时，其颓唐和沮丧是可想而知的。

教师培养中，如果我们不让他们知道这一行业的复杂性和艰巨性，并培养他们从技术的角度去理解教育行为，他们就不可能真正地理解教育工作。我有时悲哀地发现，有些教师终其一生也没有理解教育本身的技术性。他们用自己的性格教，用自己的生活经验教，用照搬照抄别人的模式教，却从来没有意识到教育是一个技术活儿。所以，让每一个师范院校的学生或者想从事教育行业的其他年轻人，在理解这个职业的技术性的基础上产生职业激情，这样的激情才能更持久，才能真正成为他们服务教育事业的不竭动力。这样说来，我们的师范教育似乎有很大的变革空间，甚至应该有一场革命。而我担心的是，这些来应聘的年轻人那种理想主义的激情，是否具有真正的技术基础？

此外，我们是不是也应该更多地让整个社会意识到教育的技术本质，进而尊重教育的这种技术本质呢？有一个现象大家都会意识到，对于医生，我们或许会议论某个医生的医术高明与否，但对于医疗方法和技术本身却鲜有指手画脚者；但是对于教育，却全然不是这样，似乎谁都有对教育本身指手画脚的能力和水平。这是因为我们不少人没有真正地意识到，教育是一种技术，是需要专门的学习和训练才能够获得的。我们总是说“专业的事让专业的人去做”，但是一到教育这样专业的事，却常常变成一场全民狂欢。最有意思的事情就是，高考语文考试的作文题，甫一披露，就会立刻成为一个公共话题。这本身就具有荒谬性，但是我们却乐此不疲，而我担心的则是技术为民意所绑架，最终失去其独立性。我想，如果我们的社会能够普遍地表达出对于教育的专业性的尊重，或许教育才能真正恢复到理性的状态，让那些似是而非的教育鸡汤不再危害社会。

当然，所有这一切的前提就是教育者自身要真正相信技术的力量。我这里说的技术，并不是外在的、辅助性的（比如互联网技术、电子交互技术、数据统计技术），而是人与人之间进行有效沟通、行为及心理干预、学习设计的技术，是真正的社会心理学、组织管理学和教育心理学技术。然而，师范教学似乎并没有意识到这一点，依然保持着学科中心的教育理念，而它又是学术中心的，而非教学中心的。这恐怕是教师队伍建设中最大的问题所在。经过专业培养的大学生，在面试的时候如此信誓旦旦地表达并不科学的教育信念，真的让人哭笑不得。

教育不能缺少理想主义的光辉，只是希望这样的激情背后有着坚实的技术基础。

05 我们的教学设计应该向电子游戏学什么？

我们的课堂教学有时候真的会因另一种学习行为而汗颜，那就是电子游戏。

孩子玩电子游戏的条件比我们的课堂教学条件差了许多：没有系统的教材，没有教辅材料，也没有系统的教学活动，甚至没有评估和考核。所有的学习都是依靠玩家的尝试与同伴的交流来完成的。然而，就是这样恶劣的学习环境，游戏迷们依然以废寝忘食的精神与态度执着于这样一种学习行为（玩游戏难道不也是一种学习行为吗？）。反观我们有计划、有组织的课堂教学，常常让人厌倦，让人恐惧，让人昏昏欲睡。这究竟是怎么回事呢？

我们要思考的一个问题是，游戏是怎样被设计出来的？它对于学校教育（尤其是课堂教学）有什么启示？我们不妨来看一看游戏设计的一些原则。

首先是情境体验。为什么有人一遍一遍地玩《实况足球》而不厌倦？因为在这样的游戏中，游戏者不断体会着盘带、过人、配合和射门的快乐。有人执着于经营一支球队，让它变得越来越强大；有人则尝试不同风格不同组合的球队，体验不同的悲喜人生。女孩子喜欢的“养成类”游戏，也是如此。

其次是过程奖励。玩过最早的红白机的朋友一定不会忘记那个不断吃蘑菇的管道工马里奥，他用脑袋撞来撞去，不断累积金钱，时不时收获神奇蘑菇，一会儿变大，一会儿开启无敌模式，让游戏者兴奋异常。而这种兴奋，是维持游戏不断向前的很重要的动力。

再次是进阶设计。游戏从题材上可以分成许多种，但是本质上大多还是用“闯关”作为基本设计。关卡设计，其实就是构成一个挑战—反馈机制。这种任务导引，是激发游戏者不断游戏的动力。在游戏设计中，还有一个环节很重要，那就是游戏难度的进阶设计。除了关卡这一维度外，还有难度这一维度，使得游戏的进阶设计呈现出多维提升的格局，从而使玩家一旦玩起游戏来，就意趣无穷。

最后是一种我称为“新手指南”的过程性示范。游戏设计者在开始真实的游戏之前，会设计一个示范性的情境，在每一个需要学习者了解的地方，都会有提示性的标志，跟随这种示范，完成游戏规定的情境，就可以基本熟悉游戏的操作要求。

游戏开发者对于用户感受的关注，对于用户学习心理的把握，都是我们应该学习的。许多人觉得苹果公司的产品很厉害，但恐怕很少有人知道苹果操作系统的基础是 unix。它能够将其变成一个时尚、让人喜爱的操作系统，关键不仅是技术，更是对用户使用心理的洞察。这是制胜的关键。这种洞察力，表现在软件设计过程中，就是对人机交互关系的设计，即所谓的 UI（user interface）的设计。良好的交互界面的背后，是设计者对于使用者心理的准确理解与把握，这至关重要。但有时，在我们的课堂教学中，这种关注对象需求的洞察力恰恰是最容易被忽略的。

我们还可以深入探讨的问题是，游戏者究竟是怎样学习的。我们在佩服游戏玩家的学习效率的同时，更应该思考这种高效学习的发生机制。

第一，“愤悱状态”全开启。孔夫子说过“不愤不启，不悱不发”，这是对学习初始状态的最好描述。玩家想玩的欲望和激情是与他们的兴趣动机紧密地结合在一起的。角色的吸引力、关卡的诱惑力以及争胜的欲望，都使他们处于这样一种激情之中。同时，我们也注意到，周围人群的追捧，同伴的交流，也是激发他们的欲望的关键。

第二，“同伴互助”是学习的基本形态。十个玩游戏的人中有九个会告诉你，他是被朋友拉下水的。而且，更深一步地说，要有“场”效应，也就是要有一群人在那里渲染气氛。问题是，同伴会教你什么？有两点，一是基本操作，二是一些小诀窍、小攻略。但这两点一定不会同时教你，一定是在你玩了一段时间之后你的同伴才会教你。你看，这不就是教学上的循序渐进吗？

第三，试错。这是很多玩家最主要的学习方法。玩家瞎摸，见个怪兽就一顿爆捶，见个小黑屋就进去乱转，多半会挂掉，但是再碰到就有经验了，这就叫“经验值”。接下来的就是关键了。“试错”是一种很好的学习方法，但是需要一个前提，那就是可以及时反馈，无限次重来。“试错”的教学，需要有一个即时反馈的机制（比如，与小怪兽一打就挂之类的），不能像考试一样，等到挂科才知道自己错了（就好比打到最后才知道自己早就挂了，这是有点奇怪的）。

第四，攻略——游戏进程详细的解释和步骤以及技巧。这是玩家最关注的问题。当游戏进退维谷的时候，他们总是回到“论坛”里去找相应的攻略，指导自己准确过关。这基本上类似于学习心得体会，但又不同于我们寻常经常看到的空洞的、八股式的心得体会，而是对于很多细节和具体内容的切实指导，是玩家用自己的心血甚至贴上金钱换来的。分享，在这里变得十分生动、具体。

第五，结构化学习。这看起来是一个很专业的术语，但是实际上，骨灰级的玩家常做的事就是将同类的游戏不断进行结构化梳理，他们清楚地意识到所有游戏背后结构上的相似性。他们善于通过联想与类比，进行经验的迁移，从而实现自己的游戏目标。

因此，玩一个游戏的过程，实际上就是玩家学习游戏的过程。玩好一个游戏，首先要求游戏本身有一个洞察人心的设计，有一个非常人性化的UI设计；其次，需要营造一个由积极的人际关系构成的心理场，氛围与情境是游戏入门与提高不可或缺的外部条件，同时是游戏玩家能够不断“试错”的心理支持；最后，是游戏晋级的支持系统，包括一个可以互相交流的平台和充分的支持性资源。

在这里，我们能不能看到课堂教学离好的学习设计有多远呢？上文所提到的有效教学设计所需要的要件，我们具备了多少？也可以看出，课堂教学要和电子游戏争一日之短长，多么缺乏底气与可能。

如果根据电子游戏的设计思想给我们的课堂教学一点建议的话，我想应该有如下四点。

第一，给课堂设计一个解决问题的“情境”，让学习者能够在具体的场景中学习知识和技能。这恐怕是电子游戏给予我们的最关键的启示了。一个具体可感的任务或者令人振奋的问题，都能够吊起学习者的“胃口”，这也是课堂教学艺术化呈现的最关键的一步。套用“好题一半文”的作文经验，好的课堂起始的情境设计，也能决定一堂课是否能够真正激发学生的学习热情。

课堂教学的情境设计，应该体现在对学生心理的洞察，要能够“勾人”，对学生提出适切的思维挑战，而且在整个教学过程中“一以贯之”，让学生始终保持对情境的热情。

当然，这样的情境不应该是外在于教学内容和教学目标的，而应该成为“教学目标的情景化再现”。教学的过程应该是一个“问题解决”的过程，就好比是游戏中最终战胜大 boss 一样。

第二，奖励。它永远是有效的。游戏中的奖励一定是“在游戏中”的奖励。比如，在打胜一定量的小怪兽之后，玩家会获得某种超能力，而这种“超能力”往往会在接下来打大怪兽的情节中用得着。这样的奖励是真正具有“教学意义”的奖励。同样，课堂应该让学生意识到某个教学环节得到的结论、方法或者思想，一定是和即将展开的新的教学环节有关系的。什么是奖励？它要让学习者意识到习得的经验，是能够帮助他解决接下来的问题的。这种环环相扣的成功感，是教学中最好的奖励。

第三，不可忽略“攻略”或者“示范教程”在教学中的作用。我们的课堂太注重“结论的获得”，几乎不关注获得结论的过程的示范和指导，总希望通过反复练习，让学生自己去“悟”，结果学习过程不可控，学习成效不可控，大大降低了学习效率。游戏中对初学者的示范和提示，一般出现在初级难度中，场景中的标志识别、装备使用都是提示点。现在教学强调“探究”，似乎所有的问题都应该由学生自己获得答案，教师不敢提示和引领，这是从一个极端走向另一个极端。

第四，“经验分享”。几乎所有的游戏玩家是通过“经验分享”的方式，完成从初级玩家到“骨灰级玩家”的转变的。在进入游戏场景之后，玩家首先采取“试错”的策略，在多次尝试未果的情况下，往往会通过 QQ 群、微博、BBS 等渠道寻求帮助。当形成经验之后，有些玩家又会到相应的平台上分享自己的经验。相互交流，共同提高，用来形容游戏人群一点都不过分。同样的道理，在课堂教学中，如果我们更关注“经验分享”，是不是能够更有效地提升人群的学习质量，同时更能激发其中优秀分子的学习热情，从而进一步提升他们的学习水平呢？

严格地说，以上四点中的第一点牵涉课堂教学情境、环节（关卡）设计，是整个学习的动力系统；其余三点，则牵涉课堂教学中学生学习情绪的激发、维持以及学习支持系统的建立。这两大系统一旦建立起来，形成良性互动，课堂就会活起来，学生的热情也会高涨起来。

作为学习行为，电子游戏设计和课堂教学设计有着许多可资类比的方面。所以，我们教育工作者不要采取鸵鸟政策，将电子游戏当作洪水猛兽，“御敌于国门之外而后快”，而要放下身段，虚心向电子游戏界学习，真正了解电子游戏设计背后的“学习理论”，将课堂教学变得更加有声有色，牢牢抓住学生的心理，从而不断提高教学的有效性。

现在，我们都在寻找数字技术与课堂教学相结合的途径。我以为，了解电子游戏背后的学习观，恐怕比表面上的数字技术的引进意义更为重大。是所望也，亦求教于方家。

06 编不好教材，搞不好教育

学校的友好学校台湾维多利亚学校来交流时，他们专门送了我一套当地的语文教材。他们送来的教材很贴心，既有教师用书，也有学生用书。我先看了教师用书，编得十分仔细，许多背景资料列了出来，而且在课文中又用不同的颜色标注了需要掌握的字词，需要关注的知识、段落大意以及一些赏鉴的要点，甚至还有教学设计和教学建议。再看学生用书，行距很大，疏疏落落，好像在等着课本的主人往那上面填东西呢。

我在交流中参加了一个会议，和邻座的教师谈天，说起我们年轻时有一本供那时的青年人自学用的数学书，我们都获益匪浅。临了，我的邻座说，唉，现在的数学书，即便全看懂了，也没法去考试。书上就是最基本的内容，但考试内容和书上的比起来，不是深就是偏，学生发现最没用的就是书上讲的那点东西了。

大概是因为之前看台湾地区的那套教材时受了点刺激，她的喟叹一下子让我想到了一个很重要的问题。如果我们有一套真正有效的教材，就比如像那套语文教材这样，将许多重要的东西列出来，教师教课就不至于天马行空不知所以了，择校现象会不会少很多呢？

为什么择校？就是怕自己的孩子遇不到好的教师。什么是好教师？启人心智，动人心魄？其实，在很多家长看来，不必这么高端，能够让学生掌握教学内容就可以了。我作过教师培训，跟有很多年教学经历的教师讨论过，说来说去，问题还是教学内容。就拿语文课本来说，一个文本教什么，从什么角度教，没有定规，教师常常一头雾水。一些资深教师或者名师，就拿自己的一点点心得炫耀，让别的教师心慌气短。教什么没有定规，考什么也就没有定规，于是教师一通乱忙，自己没有所得，学生也茫然失措。于是，大家开始相信名校，相信名教师，对于那些用事实证明考试成绩优秀的学校趋之若鹜，也在情理之中。

如果我们好好编教材，很多东西就在书里，学生自己可以看明白，看不明白就问教师，或者教师教参上有明确的要求，将这些讲清楚就达到要求了。至于你自己还想发挥，也可以发挥，但至少教学内容基本上是统一的。这时候教师的好坏差异就不那么大了，也不用为了择校而花很大的气力了。教师的工作也简单了，不用为了想清楚究竟要讲什么、讲到什么程度而殚精竭虑，最终丧失生活的乐趣，成为无趣的人，被学生鄙视。

几年前，我因文化交流而去了法国，看到学生的厚厚教材，很多东西书上讲得清清楚楚。一到复习，他们就抱着书看啊画啊，贴上各色小字条。而我们的学生一到考试，第一个扔掉的就是书，到处找题目做啊做。这就是差异。为什么我们的教辅市场那么红火？就是因为我们不好好编教材。专家不动脑子，教材编得既无聊又浅薄，而教育行政部门则要求教师根据这些作开发、设计。师范教育良莠不齐，这些开发者、设计者各自乱来，结果自然可想而知。名师围绕着这些知识和内容讲了那么多课本上没有的话，把它们整理放到书里面去，让所有的学生都能够看到，岂不是做了一件阿弥陀佛的好事吗？编教材求最低标准，考试求最高标准，其中的落差真的把教师、家长和学生都害死了。

说了很多随性的话，再说一点专业的话。其实编教材，也有几种方式。

一种是讲本。只是为教师的发挥提供一个大致的课程框架，至于讲什么、怎么讲、究竟要讲到什么程度，都由具体的教师来掌控。这种编法最容易体现教师的水平，但是对学生最不公平。这种设计的思想核心是教师中心。

另一种是读本。内容、要求、方法、技巧、小贴士之类的，都写在教材上，学生必须认真地读过、想明白之后才能思考得出来。这是课程为中心的编辑思想。目前，欧美很多国家编写的教材大致是这样的情形。而上面提到的我国台湾地区的教材（其实我国香港地区的教材也是如此），则是一种折中的方式：要讲授的内容在教师用书上讲清楚了，教师基本上是一个课程内容的转述者。当然，在这个基础上，也允许教师有所发挥，学生则通过听课将这些内容补充到自己的书上——用这样的方式兼顾课程和教师。

再有就是学本。比如，有些电脑程序学习类的“无师自通”式的教材，完全模拟学习的基本状态，或者用情境引导，或者用程序引导，让学习者在实际操作中掌握技能与技巧，并且按照不同学习者的要求编写基础教程、进阶教程等。这基本上就是以学生学习为中心的编排法。

这几种编法都有一定的意义与价值。根据目前的教育现状选择合适的方法，意义重大；否则各行其道，各自乱来，最后弄到不可收拾，也未可知。

07 且听杨绛先生说教育

杨绛先生遽归道山，虽然高寿一百零五，但真的驾鹤而去，却在很多人的意料之外。她有学问，有主见，淡泊隐忍，又乐天知命，不过看一些文章和报道，大多数认真纪念她的人却未必真的了解她、听她的话，比如对于教育的阐述。杨绛先生2014年在《文汇报·笔会》专栏发表过关于教育、婚姻的谈话，其中对于教育的观点，真的值得我们深思。

杨绛先生说，教育的第一要著是兴趣："我体会，'好的教育'首先是启发人的学习兴趣，学习的自觉性，培养人的上进心，引导人们好学和不断完善自己。"

一个人的学习动力系统在学习过程中的重要性是不言而喻的，但是用什么作为激励，却大有讲究。我们往往更喜欢用功利的目标来激发学生学习的热情，比如"不好好学习，将来只好去……"，以期引起学习者对未来的恐惧而不得不努力学习。又或者是利诱，渺远的利诱如"你现在好好学习，将来就能过像某某一样的日子了"，切近的诱惑如"好好学，成绩优秀就带你去……旅游"等。殊不知，这样做未必能（简直就是不能）激发学习的激情，因为学习在这里成了实现目标的手段，但是手段一定不是唯一的，所谓"条条大路通罗马"。所以，艰苦的、受到制约的学习，自然不可能是人们的首选，这是人性使然。

所以，我经常跟学生说的是，要想学习好，就要努力发现学习内容本身带给你的乐趣。比如语文，沉浸在古诗文的优雅娴静之中而不能自拔，朝思之暮虑之，念兹在兹，以之佐饭下酒，这样的状态何愁学不好呢？如果说得接地气一点，有的孩子打电子游戏，琢磨攻略流程，切磋秘籍技巧，几乎达到废寝忘食的地步，这就是“学习的自觉性”。问他们为什么如此，答案却很简单——好玩。所以，激发学习的兴趣，是学习的内在特点，而产生学习的“自觉性”则是学习的外在表征。教师应该做的，就是让孩子们知道学习内容本身“好玩”的地方，就是要想办法让他们觉得学习是一件好玩的事情，从而激发学生的学习自觉性，除此而外别无他法。那种威胁利诱的激励，可能诱发的是学生对学习结果的期待，但极有可能带来的是其对学科内容本身的厌恶和拒绝，进而彻底葬送他们对学科学习的兴趣。我常常震惊于一些学校学生高三毕业的时候烧毁教科书的情形，试想要对这门学科有多怨恨，才会采取如此极端的措施。由此不难推断，他们是怀着如何的仇恨走过这么多年的学习路程的。这样的学习只可能走向学习的反面。学习不问结果可不可以？我说是可以的，这大概就是康德所谓的“无目的的合目的性”吧。

杨绛先生谈到教育的第二个重要的观点就是，“让学生在不知不觉中受教育，潜移默化。这方面榜样的作用很重要，言传不如身教”。这方面，无论是杨绛的父亲还是他们夫妇两人都是此中楷模：“我们对女儿钱瑗，也从不训示。她见我和锺书嗜读，也猴儿学人，照模照样拿本书来读，居然渐渐入道。她学外文，有个很难的单词，翻了三部词典也未查着，跑来问爸爸，锺书不告诉，让她自己继续查，查到第五部词典果然找着。”

教师要让学生爱上自己教的学问，首先自己就应该表现出对它的爱，就应该将学问所有的美好展现在自己的生活中。比如语文之美，就应该改变我们的气质，让学生通过我们而感受到语言文字全部的美质。现在的问题则是，有时我们是已所不欲偏施于人，除了将厌倦与暴戾传达给学生之外，所剩寥寥，学生在还没有真正入得堂奥之前就已经对此产生了厌倦，这实在是一件丧气的事情。

当然，还有我们的社会环境。我在法国的时候借住在法国朋友的家里，每天晚上晚餐完毕，则是阅读或者“艺术沙龙”的时间。我们大家要么静静读书，要么围绕莫奈、罗丹等各抒己见。要知道，我的住家男主人是雷诺公司的职员，女主人则在巴黎银行工作，与哲学、艺术相距甚远，但是家庭阅读氛围则令人神往，这样的环境中成长的孩子怎能不举止优雅而志向高远呢？反观我们周围的情形，是不是与之相差甚远呢？一个个家庭之间的差距，实际上就是一个个孩子之间的差距，而一个个孩子之间的差距，最终则是一个民族的差距。

当杨绛先生离我们而去的时候，回顾她对教育的阐述，我们会发现，教育其实本身是那么澄澈明了的。但是不知为什么，我们越是起劲地去做，离教育的本真却越远。百岁老人平淡的话语中的智慧，对于我们整天围绕理念模式课题而终于让教育每况愈下的“教育工作者”们来说，无异于劈空一句断喝。

08 初春，遇见佐藤学

春寒料峭的时候，我在世博家园实验小学遇见了佐藤学。

他头发凌乱，松松垮垮的西服罩在一件薄薄的羽绒服外面，总是微笑着。而当他展示一张张学生专注学习的照片的时候，我发现他的眼睛居然湿润了。不过，他有时候也是一个严格的人，但他的严格中又显得宽厚。在讲演中，他的 PPT 有一张没有翻译成中文，当他讲到那里的时候，略略一顿，将一瞥柔和的眼光投向他的翻译，随即又投入讲演之中去了。

佐藤学听课，总是手里握着照相机或者摄像机，在教室里像猫一样地游走。之前，我对于他这样的听课方式颇不以为意——你都没有坐下来好好听教师在讲什么，这么乱转有意思吗？但后来我读了他的著作，听了他的弟子陈静静的介绍，终于明白一个道理：佐藤学关注的是学生的学。他要通过观察，发现学生是不是真正地进入了学习状态。眼神、表情和动作，是最不会欺骗人的，学习状态之中的眼神、表情与动作就是对教育活动最好的评价。这样一想，忽然觉得，有些问题我们是不是想多了，佐藤学很像我们古代的禅师，用了最简洁的方法，破除了我们许多人心中的妄执。

佐藤学的讲演里常常出现的词语就是“安静”和“润泽”。他很直率地说，“中国的课堂太喧嚣了”。他充满深情地表扬世博家园实验小学的课堂是“润泽”的。说老实话，我是很感激佐藤学先生的。在我早先的心理词典中，教育总是和一些西方人的名字联系在一起：赫尔巴特、杜威、凯洛夫、加涅……我对他们奉为神明。但是当我读了佐藤学的《静悄悄的革命》《教师花传书》之后，忽然有了一种“高高山上立，深深海底行”（《禅林僧宝传》）的感觉。我忽然发现如果以东方思维看待我们的教育，有时候会有一种“南泉斩猫”（《百僧一案》）的痛快感。

佐藤学的教育观念概括起来就是共同成长、对话与修炼、反思与挑战。我最欣赏的是佐藤学先生提出的“学习共同体”，在同一个“场”中间，教师与学生都在学习，都在提升。尤其是教师，在这样的学习氛围里，不是单向度的知识与经验的付出者，而同样是学习过程的获益者，在倾听与交流中产生豁然开朗的开悟感，这是多么好的生命体验。佛教讲“众生平等”，是传递一种“共生的意识”。我们的课堂不就应该是这样一种让每个人都感受到成长与进步的地方吗？教师以自己的专长睥睨学生，“学霸”以自己的优秀孤立“学渣”，这种紧张不堪的课堂难道是好的教育生态吗？记得中国台湾的一位语文教师说，她很怕在大陆上公开课，因为“这里的课堂是不允许冷场的”。迅疾的反应来自学生对于这个问题已然的了解，或者来自一些反应灵敏的学生的第一反应，但是更多的沉默者呢？他们不是也应该有思考、琢磨的紧张和豁然开朗的快乐吗？我现在越来越能够体会到佐藤学先生所说的“润泽”是一个多么富有诗意而且温暖的词语。

所以，在好的课堂上，相互的倾听就变得非常重要。倾听的心理基础是平等与相互尊重，听话的人是站在说话人的角度去理解所说的内容。有了这样的基础，课堂里师生之间、学生之间就会呈现出一种“相互学”而不是“相互教”的关系。也有朋友跟我说，这不是一回事儿吗？其实，关键的问题是一字之差所体现的人际交往的心理差异。“教”是将已知的东西告诉别人，有着一定的心理优势；“学”是将自己探索的困惑、过程和可能的结果到同伴那儿去寻找帮助与印证。《诗经》里说：“有匪君子，如切如磋，如琢如磨。”大概讲的就是这样的境界与状态吧。

教学实施过程应该在目标明确的前提下，轻预设而重生成。我一直很欣赏苏东坡在《滟滪堆赋》中的一段话：“天下之至信者，唯水而已……唯其不自为形，而因物以赋形，是故千变万化而有必然之理。”教学就是一个“随物赋形”的过程，通过倾听与观察了解学生，在及时把握学生学习状况的基础上选择更好的教学策略去促成“真实的学习”的发生，这大概就是教学之乐吧。

所有的一切最终指向“真实的学习”的发生。这种“发生”在佐藤学先生看来，就是学生在课堂上的姿态是否“柔软”，氛围是否“润泽”。这种具有东方文化色彩的思考方式，反而避开了科学主义的烦琐与拘谨，体现出一种爽快利落、直指人心的智慧。

以众生平等的心思去面对教育，以诸行无常的态度去实施教育，让我们的课堂变得更有生命的温度和厚度，这大概就是这个初春的下午佐藤学先生给予我们最好的启迪了。和佐藤学先生一起走出学校的时候，一群意兴不减的教师纷纷让他签名留念。他恭恭敬敬地写了一个字，那就是“学”，既是他的名字，却又别有意味。

华灯初上，走在大街上，忽然发现大路两边的玉兰花已经吐出毛茸茸的花苞，在依然带着寒意的春天里传递出温暖的意思。

09 让花朵传递风的姿态

——佐藤学《教师花传书》读后随想

《风姿花传》是日本能剧大师世阿弥的作品，题目就很有诗意：风是没有形状的，无法抓住，也没有办法描绘它的形态，但是当风吹拂花朵，当花朵随风飘零的时候，我们不是借助花朵而感受到了风的存在吗？许多无法言传的东西，恰恰是借助一些有形的事物去传递的。这种“无”与“有”的关系，大概是东方文化最有魅力的地方了。佐藤学先生借助《风姿花传》的意蕴，写作了他的《教师花传书》，正是借用世阿弥这种富有禅意的态度去描绘教师应有的状态和境界。

教师的教育，有什么是无法言传的呢？我想，无论是知识技能、过程方法还是情感态度，其实都是无法直接获得的，都需要通过阅读、聆听、体验和交流才能够习得。而且，每个人究竟习得的是什么，大概只有自己才能够切实地感受到。这是教育最困难，也是最有魅力的地方。信息也好，情感也罢，都是感知的结果，从某种意义上说，教育就是感知的艺术。

说到艺术，不妨谈谈我们的国粹京剧。中国人说艺术，喜欢讲的一个词语就是“神韵”，这是看不见摸不着的东西，却又是确确实实存在的。梅兰芳的《霸王别姬》《贵妃醉酒》等，都是堪称杰作的伟大艺术。伟大在哪里呢？说来说去，并没有额外的“神韵”这种东西在，有的只是吐字的气息、音调的控制、节奏的把握以及手眼身法步的拿捏。那些让人为之击节赞叹的，实际上就是京剧最基本的技术，这是京剧大师传递他们独特神韵的载体。然而，“梅兰芳们”并不自诩为“艺术家”，而是更多地将自己的这些技艺称为“活儿”，他们日常的功课无非琢磨这些“活儿”而已。

有“活儿”的人，我们称为“匠”。有个词语叫作“匠心独运”，那是对于技艺的最高赞誉；能从手艺里感悟到“心”，并且能够充满个性地运用它，就是一种境界，但是缺不了“匠”作为前提与基础。

在教育界，我们似乎耻言“匠心”，许多前辈谆谆告诫我们要做“教育家”而不要做“教书匠”。但是，如果没有教书匠那点“活儿”，又怎么能够成名成家呢？正因我们不关注手里那点“活儿”，我们自己也越来越不觉得自己在干的那是一种“活儿”，越来越缺乏对于自己职业的专业自信了。而佐藤学告诉我们的，就是那些“花朵”是怎样地传递着风的姿态的。他告诉我们，技艺的核心是“倾听”，对儿童的倾听，对课程的倾听，对自己的倾听。他告诉我们，技艺所传递的“风姿”是“尊重”：对儿童的尊重，对课程的发展性与可能性的尊重，对于自己的教育哲学的尊重——真的非常感谢佐藤学，他让我忽然清醒地认识到教师的工作里面居然有着那么多东方文化的智慧。

记得有一次，一位青年教师来向我请教如何才能上好一堂课的时候，我的回答也如同佐藤学的观点，那就是“倾听”。我以为，“倾听”本身就是一种特别有意思的技艺。要善于听，就需要理解，需要敏感，也需要正确的理念。说到理念，我认为应该有一种巨大的慈悲心，是站在尊重、理解、成就的基础上的倾听。一个孩子鼓起勇气举手回答问题，难道一句“好的，坐下再想想”就能够对得起他的那点勇气了吗？你必须是一个敏锐的捕捉者，善于在他们断断续续、支离破碎甚至是颠三倒四的言语里，发现他们思维的路径，并且告诉他们是在哪一个岔路口迷失了自己。这样的技艺，或许不是一两天的修行，而是十年八年的努力。但是这一切是值得的，因为这样的“花朵”所传递的东西，或许比知识技能的传递多得多。

不仅如此，教师的语音语调，教师的眼神身姿，教师本身所形成的“气场”，似乎都属于那种“技艺”，值得我们去培养和琢磨。

同时，我们更应该关心课程的发展性与可能性，因为课程也是那“花”，发掘教学内容本身的价值，让它不再是漠然、高高在上的，而是有趣、温暖的，能够交流、促进思考的，这大概是“花”的魅力吧。

然而，教师在“技能”上的修行被忽视很久了，甚至因为技能的忽视，我们连教学的本质性的东西也渐渐遗忘了。——的确，没有了“花”，我们从何去理解“风”的姿态呢？奢谈理念，否认教学中的技巧，因为急于成名成家而夸大自己一知半解的感受，似乎已成为教育界的一种通病。再加上急功近利的教育价值追求，我们离真正的教育也就越来越远了……所有这些大概就是佐藤学先生所谓的“教学的虚无主义者”吧。

午后的阳光正好，我小心翼翼地沏好茶，打开这本《教师花传书》，来一次与佐藤学先生的心灵交流。

10 失去了整个世界，我也失去了你

有一本书，名字叫《我宁愿失去全世界也不愿失去你》，听听名字就感人肺腑。但是，这样的山盟海誓，其实有时候也未必靠谱。

我曾在一个场合听到这样一件事情：有一位在当地很优秀的教师，他的太太最近向他提出离婚。这里面没有小三劈腿、师生畸恋之类的狗血剧情，只有一个问题，太太觉得这段婚姻了无情趣。“总觉得慢慢会好起来，谁知道却越来越糟……”这是那位太太的原话。对于婚姻，如果总是寄希望于明天，这本身就是非常危险的。如果我们真正了解许多教师的日常生活，就会觉得这位妻子的期盼，是多么的天真与无望。

“你希望我怎么做？”有一次当我在喋喋不休地对一群教师讲教师专业发展中情趣、阅历、爱好的重要性的时候，一位教师这样对我说。“我每天从早忙到晚，每天晚上11点到家，头一沾到枕头就睡着了，第二天又是这样的节奏，你讲得越美好，我越觉得自己的生活很粗糙。”很多种原因，让教师被牢牢地“钉”在他们的岗位上。对许多教师来说，一天8小时工作的规定是不存在的，而且很长一段时间，教师窗口彻夜不熄的灯光，成为优秀教师的重要标志。

我认真地分析过教师日常“应该”完成的工作，觉得每一件事似乎都理由充足，非做不可。但我总是执拗地认为，教师的内心应该有一个更大的世界。只有这样，我们才能够真正成为一个对得起自己也对得起学生的教师。

在我看来，教师首先要“活得像个人”。这句话是黄玉峰先生说的，说得很沉重。蒋勋先生也说过这样的话，说得很郑重。而我以为，只有别人把你当个人，我们才能够“活得像个人”，所以玉峰先生说得如此沉重；只有自己把自己当个人，我们才能“活得像个人”，所以蒋勋先生说得很郑重。“活得像个人”，就是要有尊严和坚守。有尊严的前提不是财富地位而是闲暇与自由，这是古人教导我们要做的事。而有所坚守的前提，就是有所信仰，在我看来，世界上总应该有一些人类应该坚守的法则。保持对于公理的信仰与敬畏，是每个人生活在这个世界上最好的保障。而最重要的一点是：只有有尊严的人才，能够真正懂得“爱”与“平等”的意义与价值。

当然，还要“有趣”。有一次，一位学生跟我说他不喜欢某某老师，而在我看来，那位老师兢兢业业，充满正能量，但是他说：“他一点儿都不好玩。”我觉得很诧异，甚至觉得孩子们有些胡闹。但是我仔细想，发现“好玩”其实很重要。因为在孩子们心目中，一门学科常常是和一个教师联系在一起的。甚至他们觉得那个教师怎样，这门学科也便怎样。这就是孩子们的思维。如果一个孩子能够清楚地将教这门课的教师和这门课严格地分开，你是不是会觉得这个孩子有些可怕？所以，有趣的教师才会让学生发现这个世界的有趣。

有趣的人总是对这个世界充满好奇，他不功利，不会用“有用”还是“无用”来评价事物，在他的眼里，只有“好玩”与“不好玩”。而这样的人恰恰是最爱学习，也最善于学习的。他总是用一双好奇的眼睛张望这个世界，即使到了临终的时候，他也会微笑着说：“我的探险结束了。”学习产生变化，变化让人惊喜。记得一位老校长说过，做班主任不容易，任课教师可能年年换，对孩子们来说每年都是新鲜的，但是如果一个班主任一做三年，第一年你讲这些的时候还有新鲜感，第二年就没有了，第三年你说上句，他都能够说下句了。“保鲜”其实很重要，对学生如此，对家人也是如此，对自己更是如此。发现自己的变化，是一件让人欣喜的事情。

当然，还要活得雅致。当我们厌恶这个粗鄙的世界的时候，有没有用我们的雅致去影响周围的人呢？让人们知道生活其实应该是这样的，或许就是教育的全部内涵。

可惜的是，我们的外部环境总是将教师往相反的方向推。一方面，急功近利、颟顸自大的教育文化剥夺了我们的闲暇、自由，从而剥夺了我们的尊严感；烦琐而无效的管理，将每一个心怀梦想的青年变成暮气沉沉、了无情绪的冬烘。另一方面，教师自身的动摇、迟疑，对世俗的谄媚与妥协，也正让教师日益变得苍白而无趣。试想，如果我们失去对这个世界的兴趣，放弃对这个世界的爱情，那我们还剩下了什么能够教给我们的孩子呢？

所以，如果我们放弃了这个世界，也就失去了作为一个教师的社会意义与价值。有时候“榨干式”的所谓“奉献”，实际上是教师的社会存在感日益失去的过程。这种“失去”实实在在地正在我们的周围发生，并非危言耸听。而我的痴想是，什么时候能够让我们的教师，真正地拥有属于自己的完整的世界。

11 一个教育中似是而非的观点

有一件事很有意思。学生没有打扫自己的学习环境的意识，弄得又脏又乱，虽然屡次提醒，但情况依然如故。一位管理者对班主任说："你可以自己动手，帮他们打扫，我想，你的行为一定会感动同学们让他们行动起来的。"

我们常常会说"桃李不言，下自成蹊"，认为行为总是具有很强的感召力的。但是实际上，行为的感召力来自对于行为的价值的理解。如果对于行为的价值理解不一致，行为未必会有我们所预料的感召力。桃李不言，是因为诱人的桃李本身就吸引着所有爱吃桃李的人。如若有那么一群人，从来不知桃李为何物，或者视桃李为毒药，那桃李之下还会"成蹊"否？

从教育的角度来说，任何行为都应该是在一定的"文化语境"中的。要让一个行为有感召力，前提是要让教育双方进入相同的语境，如果不是这样，效果往往会更糟糕。比如，那位教师听从了领导的指导，默默地打扫，结果所有学生对班级环境更加不上心，随意乱丢乱放。教师整天跟在后面打扫整理，苦不堪言。这其中的核心问题是，教育双方的文化语境不统一。教师这样做的逻辑前提是，"老师为学生打扫卫生是一种额外的奉献"，同时又认为，学生一定也是认同这样的逻辑前提的。只有在这样的情况下，教师默默地打扫卫生才会感动学生。可关键是，学生为什么自然认为这样的前提是应该接受的呢？特别是在当今的文化背景下，这样的问题更是一个问题了。所以，默默行动不一定能够打动人，甚至还可能被人认为这一切是当然的，直接导向教育的反面。

这是一个在教育中似是而非的问题。

我们不妨来看看，如果是以前，教师默默地打扫卫生是如何打动学生的。在传统的文化背景下，“天地君亲师”，教师是权威的象征，也意味着一种社会等级，所以自然有一种上下尊卑的区别。因此，从一般礼仪的角度看，让尊贵者屈尊俯就是违反礼仪规矩的。这时候教师主动为学生打扫卫生或者主动向学生问候，一般都能够激发起学生的羞愧之心，激发起他们向善的心。这就是那位学校管理者提出这种建议的基本思路。但问题是，这种价值共识近来已被各式各样似是而非的教育理念打碎了，比如“一切为了学生”“为了学生的一切”等绕口令一样的观点，都清清楚楚地写在了墙上，学生也认为学校就应该是为了他们的一切的，让他们打扫卫生，怎么能算是为了他们的一切了呢？所以，教师为学生打扫卫生，在学生们看来，实在是最自然不过的事情了，怎么可能感动学生呢？

这样一说，问题好像就有点儿大了。这不是一个教师是否应该以自己的努力去感动学生的问题，而是牵涉许多教育的基本问题和基本价值判断。这里就不具体展开了。我只是想说明，有些我们觉得挺感人的行为，未必会带来预料的教育效果。

12 一同沐浴斑斓的星辉

很多记忆，常常会因为时间被渐渐遗忘，但也会因为某种机缘而被悄然唤醒。比如某天下午，我坐在办公室里安慰过某位因为工作、人事而有着种种烦恼的同事之后，顿感疲惫、沮丧且寂寞，这时候忽然想起多年以前我访问台北一所学校发生的事情。

参观学校，一般是校长介绍，巡视校园，而校长介绍的总是一些理念、成绩、课程等。但是在这所学校，校长却花了很多时间介绍他们的一位天文教师。这位天文教师来到校园的第一天，就在楼顶架起了一台天文望远镜，坚持天天观测天象。而为了观测，他直接在楼顶支起帐篷睡在里面。然后，他会将观测所得的照片贴到学校的墙上，让学生欣赏，并带领他们完成天文学的课题，坚持了很多年。“最浪漫的是，”那位校长笑嘻嘻地说，“我们的一位女教师因为他的痴心而爱上了他，现在每天观测星星的是两个人噢。”不知道为什么，我的心里忽然有了一种感动。或许是因为那两位年轻人——仰望星空，本身就是一件很浪漫的事情，而选择做一件自己热爱的事情，那就是幸福，更何况还因此收获了另一份幸福。也或许是因为这里的学生。这个学校的学生除了知道星空有多美之外，是不是也会知道爱情有多美呢？也或许是因为这位校长，我至今还记得他在谈到这两位教师的时候眉底眼角满溢的笑意，仿佛在谈论自己的儿子和儿媳妇一样。当然，他也告诉了我们他们带领学生做的课题，也谈到了他们现在已经是英国皇家天文学会的会员的事实。但是当时听来，只觉得就像是在夸耀自己的小辈一样。我发现好的校长大抵是宽厚的，有一颗浪漫的心。他的纵容的背后，是坚定地追求爱与美的心。

而我当时的考虑则是：大晚上的，学校的两个教师爬到楼顶谈恋爱，万一被学生看到了怎么办？学生跟着他们爬到楼顶，万一出了事怎么办？这两个教师晚上在这里拍摄、收集资料、做课题，要不要付给他们加班费……但这些疑问我最终没有问出口，因为在这样浪漫的校园故事面前，我的问题实在是太过庸俗。

当参观校园的时候，我们看到了两位教师的英国皇家天文学会的证书，看到了学生课题成果的展示，也看到了许多美丽的星空的照片，甚至他们学校的宣传片也是从星空开始的。当我们登上楼顶看他们的小帐篷的时候，看到帐篷里放着各种仪器设备、一个小小的睡袋以及一张他们两人幸福相拥的照片……做这样的教师的校长是幸福的，做这样的教师的学生是幸福的，做这样的教师也是幸福的。

我还想到另一位教师，来自法国巴黎的 S 老师，她是一位汉语教师，每年都会带着她学汉语的学生来我们学校交流。有一次在交流的时候，她跟我说，今年校长央求她，希望带她来中国。我当时就很诧异，我一直以为这是一个学校交流项目，而学校的交流项目不是应该由校长说了算吗？ S 老师说，并不是，这样的项目是她的课程项目，校长无权予焉。这个项目完全是她的想法，带上校长全是因为项目需要一个帮手，而偏巧她和校长的关系还挺不错……在整个参访过程中，这位校长跑前跑后，尽心尽力地做着一个助理的工作。更让我想不到的是，他们的活动全然是自掏腰包。

我想说的意思很多，首先是关于校长的。不知道从什么时候开始，“官（僚）气”成了校长的标准姿态，俯视成了不少校长的标准视角。那种谦卑、平易的态度，变成一种稀有的品质，而抛弃功利，向着爱与美的方向跑去的激情，却在日益平庸的应付里消磨殆尽。我其实很清楚校长的苦恼，我认为几乎所有的校长，当年也是激情满满，对教育事业充满了憧憬的，但是当“校长”不再是一个独立、有操守、有思想的专业领袖而成为一个庞大行政组织架构中的一个层级的时候，他们不得不转变思路，成为整个体制的顺民，习惯成自然，这也就造就了这样的校长文化。记得我在台湾地区访问的时候，台北一位小学的校长说："我刚刚在阿扁的办公室跟他拍桌子！"听着就很让人振奋。

而对于教师，我的感慨就更多了。首先是关于教师的职业自豪感。无论教什么，那个内容就是他生命里最重要的东西，不是仅仅成为他用来交换谋生的资源，赢得虚妄名声的手段，而是整个儿地热爱着的东西。我至今还记得我曾经的数学老师，在上课时忽然跑到教室外面狂抽了几口烟，又跑进来对着黑板上刚刚推导出来的公式，轻轻叹一口气说：多美啊！那天午后的阳光正斜斜地照在他灰白的头发上，他迷醉的眼睛在眼镜片后面一闪一闪……那时的他名不见经传，评特级教师还是很多年以后的事情。但我也遇到过这样的同事，他直白地告诉我他并不爱数学，只是"英语不好，语文要批作文，其他学科挣得少，想来想去，还是教数学……"我想说的是，教学有时候不是简单的信息传递，而是一种生命方式与另一种生命方式的相遇。我们在课堂上、学校里，传递的东西一定会比那些考纲、考点多得多，也重要得多。我爱这门学科、这项技艺，所以选择这个职业、这份手艺，这是一件幸福的事情。正因为尊重与热爱，他们才能够有所坚守，有所付出。他们在其中获得的不是别的，而是简单的幸福与快乐。

其次是自由。一个教师在一所学校里如果感到自己拥有学术的自由，同样是无比幸福的。想一想，如果有一个不相干的人对你干的活儿指手画脚，应该这样应该那样，你是否还会那么热爱自己的工作？还会不会那么充满幸福感和成就感？但事实上，我们的教师正被这样的不相干的指手画脚困扰着，仿佛被一个高高在上的力量压迫着，并在这样的力量面前一点一点地卑微下去，萎缩下去。所以，一个幸福的教师一定是充分体会到学术自由的教师，而不是被指标和所谓的培训套牢的教师。

说到自由，其实还有一点奢望，那就是"闲暇"。一个人的气质和修养，一定是在他的闲暇时光中培养起来的。以前的老先生们都很有空，依时雅集，风雅得紧，诗词歌赋样样精通，甚至射覆蹴鞠也不在话下，个性鲜明，各有风貌，让我们后学看来，若见神仙，无法企及。现在的教师，殚精竭虑，焚膏继晷，天天和学生的分数搏斗，身心俱疲，形容枯槁，而且了无情趣，最后却很少能够有卓然而成大家的。亚里士多德认为，学校应该是“闲暇之所”，诚哉斯言！

为什么突然想到那对天文学教师夫妇，想到S老师，实在是因为我的内心深处，对于教育，对于教师这个职业，还有着一种理想主义和浪漫主义的追求。上一届学生毕业的时候，在网络上给学弟学妹留言，细说学校种种一定要经历的美好的事情，其中居然还有见一下我的笑容这一说。我并不教这一届，但是他们还依然如此眷顾我，实在是让我感动。我想，学生其实也是敏感的，他们最能够分辨职业的、应付的笑与真诚的、鼓励的笑之间的区别。说老实话，我看到学生、其他老师总是满怀敬意和爱意的。在我看来，每一个生命个体的存在都是值得尊敬的，每一种认真的生命状态都是值得为之喝彩的。我更是以这样的尊敬与喝彩去反抗那日益走向功利、走向庸俗的教育现实。

S老师还是每年都带着学生来中国，因为她愿意，学生也愿意。那对天文学教师夫妇还是坚持每天观测星空，因为他们觉得浪漫，觉得快乐。这是多么好的职业状态。我生日的时候，教过的第一届学生集体为我过生日，他们回忆起我对他们的教育，说得最多的是我给他们讲《古文观止》上的文章以及4月1日（他们记得这么清楚）我带他们“逃课”，到樱花树下散步谈天的事情。我跟他们说：“‘浴乎沂，风乎舞雩，咏而归’，难道不是最好的教育吗？”那些都快接近中年的学生，若有所思地点着头……

第五辑

社会之思：谁也无权折断向上的翅膀

01 谁也无权折断向上的翅膀

车过哈尔滨的时候，我正在读林贤治关于萧红的传记《漂泊者萧红》，忽然想起多年前第一次去哈尔滨时的导游L。她也已经去世好些年了，如果有在天之灵，她可能也不会想到，会有一个毫不相干的人突然想起她，并且写文章来纪念她。

第一次见到她的时候，我就觉得她是一个小小的女孩，长得温婉可爱。不过听介绍，她好像是全国十佳导游之类的，觉得这个小丫头很能干。当然，一路上她也前接后应，诸事调停妥帖，记得还为了当地饮食上的怠慢，和地陪吵了一架，露出她娇俏之外的另一面。渐渐地，甚至一起出游的一些挑剔的同事也说她能干，有些还和她做了朋友。在海参崴的时候，因为有当地的导游，她就负责压阵，跟在队伍后边，而我偏偏是不愿意“紧跟”领导的人，所以我们就在队伍后边有一搭没一搭地说话。她会说自己的家乡，说自己的故事，我也就听听，因为在我的经验里，导游都是好演员，阅人多矣，知道怎样见人说人话，见鬼说鬼话，并不很在意。不过，在我的感觉里，她一个人漂泊到上海，做着这样的工作，还是很辛苦的，但也是充满信心的。她说得最多的话就是：“一切会好起来的。”其实，如果细心一点也还能够听懂，“会好起来”的意思就是现在并不好，是给自己鼓劲。总之，那次旅行就这样高高兴兴地结束了。

此后，她经常做我们这里的生意，大大小小；后来，据说自己开了旅行社，生意做得大了起来；再后来就没有联系了。不过，因为疏于整理通讯录，她的手机号码一直保留着。几年后，她又接过我们一单生意，是去周边的一个小地方，她说要亲自去，因为是老客户了。一路上，她讲山水不多，讲佛教的东西很多，据她说自己现在吃斋信佛了，但在我看来，她苍老了不少，人也有些委顿，是不是因为佛教讲究持敬，行动说话都要缓慢沉静就不得而知了，总之不是那种青春欢快的样子了。回来的路上，她又讲起了果报的事情，劝人为善，这些道理我以为讲给老太太们听也就算了，讲给一群知识分子听，实在是迂阔极了，甚至觉得信仰让她变得不太灵便了。车上的人本就有些困顿，相继假寐，她也渐渐地噤了声，沉默了。

一年以后，因为某个旅行招标，想起她来，想着不妨再让她试一次，就拨了她的电话，结果变成一个粗笨的男人的声音，我还没有开口，对方就说打错了，让我愣了神。那次招标的时候，听圈里的人说，L 自杀了，这让我很震惊。我很难将自杀与她那个娇俏玲珑的样子联系到一起，但是这样的事情大家想必是不会乱说的。一个异乡的青年，独自到大城市闯荡，充满理想和信念，又如何在种种人事环境的重压下，渐渐失去生的信念，毅然决然地去死，明知道不过是别人饭后的谈资，却依然如此，可见内心应该有多少的苦楚。至于说她一心向佛，是不是一种挣扎和自我救赎，我们是全然不会知道的。

忽然想到这些，是萧红关于女人的自杀的文字引发的。她说，女人在死的问题上，往往比男人更加决绝："古语说：'女子上不了战场。'其实是不对的，这井多么深，平白地你问一个男子，问他这井敢跳不敢跳，怕他也不敢的。而一个年轻的女子竟敢了，上战场不一定死，也许回来闹个一官半职的。可是跳井就很难不死，一跳就多半跳死了。"当然，这种决绝的背后是一种宏阔到极致的痛苦——至于说这样的痛苦是什么，由谁施加，其实都不重要，关键是将一个乐于生的人逼向死路，这无论如何不能算是好的人间。

对每一个有梦想的人保持敬意，让每一个乐生者感到希望，这样的世道才是有希望的。以上是我读完《漂泊者萧红》之后所想到的。至于说 L，因为某个漠不相干的人的纪念，而使得在天之灵有了些许的安慰，也算是一种善因果吧。

02 乔布斯的改变

为了准备一个讲演，我看了一些关于乔布斯的资料，其中有些内容很有意思，作了一些笔记。

第一个材料是乔布斯离开苹果公司的事。一般的观点总是认为，这是苹果公司决策上的一个重大失误。当乔布斯再次进入苹果公司，公司就奇迹般地发展了，则是这一失误的明证。但事实是，那个被乔布斯吸引来的公司 CEO 斯卡利，这个曾经的“乔粉”和董事会的每一个成员都反对乔布斯，而策划这件事情的麦克·默里本身还是乔布斯的心腹。不是因为他的思想太先进，而是他自信过了头。用默里的话说：“史蒂夫所做的市场调查，就是每天早上看一看镜子里的自己。”

第二个材料则是乔布斯在印度学到了什么？他的自传对此语焉不详，所以后人就有了各种猜测，而所有的猜测都是指向他神乎其技的设计、创造的。我以为，乔布斯的印度行应该收获寥寥。第一，在去印度之前，乔布斯已经跟随乙川弘文进行了一段时间的禅修，所以禅宗的思想并不起始于印度之行。第二，乔布斯不可能因为短短的印度之行而产生脱胎换骨的变化。不过，禅宗的思想对乔布斯产生影响应该是确凿无疑的。按照 Caleb Melby 在《苹果之禅》（*The Zen of Steve Jobs*）中的说法，乙川弘文问了乔布斯一系列问题让他作答：“那棵树有没有佛性？”“那群鸟呢？”“广告牌呢？”“前面的那些建筑呢？”乔布斯一一回答之后，乙川弘文是这样说的：“你把所有的东西都分了类。天才与傻瓜，好与坏。如果你见到任何事物都要作评判，就不会理解设计与空的意义。”

好了，现在我们可以讨论一个问题了。乔布斯从离开苹果公司到再度进入苹果公司，其间有了怎样的变化？变化或许有很多，但我以为最关键的一点就是从“自大”变为“自信”。

自大，是一个很形象的词语，是让自己一点一点膨胀起来的感觉。在所有人的内心深处，所生活的世界总是一个有限的存在，所以当你在其中占有越来越重要的位置的时候，留给别人、留给周围树木花草的空间自然就小了，不少原本应该看到、听到、感受到的东西，就会变得视而不见、听而不闻、感而不觉了，最终的结果则是自我的迷失。“我”是在与世界的比量之中得到确定的。当作为比照的事物不再存在，“我”又在哪里呢？所以，默里当时对乔布斯的评价，虽然尖刻，但是切中肯綮。

那么，什么是自信呢？就是对于自己的“信任”。这是一个思考的过程。我以为，生命其实就是一个“质点”，其物质的存在（所占有的时间与空间）在广袤而深邃的宇宙中是可以忽略不计的，但是其“质量”却会因为其存在而体现出来。所谓的自信，就是对于自身在这个世界中的物质存在的客观理解和对于自身“质量”的清晰把握。“越自信越谦卑”的原因是真正发现世界的广袤无垠，是“有限”对“无限”的谦卑。“越自信越有力量”，是因为懂得自己的“质量”是如何改变我们周围的世界的。

早年的乔布斯对见到的任何事物都要作评判，是典型的以“我”为万物的标准的思想。他夸大了自身在这个世界上的意义与价值，将自己当作衡量世界的一把尺子（而且是唯一的一把尺子）。其实，有时候就是因为这个大大的“我”，阻碍了我们的视线，让我们对周围的世界没法洞察，甚至会无视周围的一切。当我们得意的时候，以为天下就一个自己，自然无视所有需要关注、尊重甚至悲悯的一切；当我们失意的时候，以为天下的悲哀也尽在于己，仿佛世界走到了末日，一切鸟语花香、愉悦感恩也都泯然不存，只剩下浓黑的悲凉。这就是自大的人往往也很容易自卑的原因。听说乔布斯本想策动大家赶走斯卡利，却没有料想到所有的董事会成员一致反对他，他是号啕大哭着离开会场的。我想，那个狼狈不堪的乔布斯，大概就是自大的最终形象。

我反复咀嚼乙川弘文的那句话，觉得意义重大。“空”就是放空自己，仿佛将那只被自己吹大的气球放掉一点虚幻的“气体”，让它发生一点“塌缩”，让自己凝聚成一个“质点”。以一个质点的角度看待世界，就会发现：我不是万物的标尺，世界大到我们谁都无法穷尽，不能以为自己掌管着开启世界秘藏的钥匙。世界本身就是一个不断展开的过程，如果至大无外的宇宙也有性灵的话，那么连它自己也不知道明天会变成什么样子。因为每个大自然中的存在者当下的意志、行动或者变化，都会影响和改变宇宙明天的存在方式。从另一个角度看，每一个存在本身都是有质量的，会对这个世界产生影响，因此，从某种意义上甚至可以说，你的所作所为与明天的世界发生着千丝万缕的联系。所以，自信概括起来就是两句话：知道自己是谁，知道自己能做什么。

乔布斯回归苹果后做的第一件事情，就是设计了一个象征着创造力的品牌形象广告，他解释说：

再次回到苹果的时候，我们发现，苹果已经迷失了自己，世界也忘记了苹果代表着什么。所以这是一个关于品牌形象宣传的广告，不是在突出产品，其目的不是赞美计算机可以做什么，而是赞美富有创造力的人在计算机的辅助下可以做什么，不是在说处理器速度或者内存，而是在说创造力。我们告诉别人我们的偶像是谁，是想告诉我们的顾客，也提醒我们的员工，我们是谁，我们代表的是什么，我们的价值观是什么。

我们可以注意到其中一个重要的表述：“其目的不是赞美计算机可以做什么，而是赞美富有创造力的人在计算机的辅助下可以做什么，不是在说处理器速度或者内存，而是在说创造力。”这正像法拉利跑车，我们不是要研究如何让法拉利跑得更快，而是要让它把我们带到更远的地方。乔布斯明确了苹果公司是什么，它不想做一个简单的工具供应商，而是希望提供由工具带来的未来生活方式的无限可能——人们不必关注工具本身，而是关注这样的工具能让我们创造什么。如果电脑玩家还有印象的话，都会记得当初如何痴迷组装一台 PC 机，如何通过超频、增加内存条来获得更高的运行速度和显示效果，但是苹果公司成功地将我们从对工具的关注转向享受工具带给我们的发现和创造的乐趣。它不是去想“我喜欢什么”，而是在想“世界需要什么”“人（从本质上说）需要什么”。在这里，乔布斯实现了他自身的伟大转型，也让整个世界实现了伟大的转型。

这就是“自信”与“自大”的区别，放空自己，反而发现了自己在这个世界上可以自由翱翔的空间，也真正发现了自己的“质量”能够促进这个世界发生改变。

03 冰封的文字焐不热

2014年，第二届《中国汉字听写大会》如火如荼地开播了，这档节目别出心裁的事情是要“焐热”“冰封汉字”。首期推出的汉字是“葳蕤”，第二期推出的是“搴芳”。就来说说这个“搴芳”吧。官方推出的例句中有杨用修《怀归》中的“汀洲春雨搴芳杜，茅屋秋风带女萝”，恕我才疏学浅，这个句子中能够组成词语的大概应该是“芳杜”而不是“搴芳”吧。要这样去“焐”，怕是“冰封”没“焐”掉，自己却要因为“着凉”而“腹泻”了。

主办方用意良善，这是谁都看得出的，但是这样的努力究竟有没有意义，就要打个大大的问号了。即便是看对病症，也是开错了药方。比如，我随意看了一期，让小朋友听写“瘫闭”“樗材”“评骘”之类的词语，再看看成人组完成率不到5%，照了组委会的意思，大人不如小孩，着实应该大大地被嘲笑一番，也显出汉字使用情况堪忧。但是实际上，语言的流变是一个客观现象，词语的死亡是有其规律性的。有些是因为所描写对象的消失而失去了存在的意义，有些是因为人们对于事物理解的深入而消亡，有些是因为有了更为显豁晓畅的词语来替代而不再被人使用，也有一些是因为语音的流变而自然消失，凡此种种，不一而足。捡拾一些零散的化石来嘲笑今人的浅陋，实在是大可不必，甚至显得有些迂腐。如果大家都争相使用古字奇字，弄得《康熙字典》不可须臾离身，你以为这是好现象吗？更何况媒体的炒作，是一定要推向极端的，而一旦推向极端，则实在很难说清楚是耶非耶，善耶恶耶。

上面说到“即便是看对病症”，那究竟看对了没有呢？我以为未必。

汉语语用环境日益恶劣，是一个不争的事实。但是，妄想用“焐热”几个“死”了的词语以起沉疴，实在是痴人说梦。当今语言使用状况之忧，实在是有很多原因。最重要的原因，大约有两个（实际上是一个），一是文化传统的断裂，二是精英阶层的沦丧。语词的使用和语境相关联，我们用错词语大多是因为我们对于这些词语的来源无从知晓，比如“一蹴而就”“首当其冲”“差强人意”“万人空巷”等。再如，近年来用得比较多的“获刑”之类，此类用错，大多与不知其本意有关，而本意往往是出现在经典的文本中的，知其来源自然不会大错，可偏偏我们对于其源头陌生至极。我们看民国时期学人用语用词大多雅驯，即便是商贾契约也文从句顺，是因为当时有这样的语言环境。想我外婆也不算是知识妇女，但有时面对我等顽劣，也会喟然而叹：“人无理处，王法难治。”言简意赅而掷地有声，此情此景可想见当年流风。近几十年的文化粗鄙化倾向，则使得语言风格江河日下，无可绾回。首先，是知识分子的粗鄙化。其次，日常用语不是贫瘠无趣，就是充满匪气、痞子气和流氓气，错将肉麻当有趣。所有这一切，都是因为整个社会没有一种雅正的语言作为楷模与榜样。而能够承担这种社会责任的精英分子，在当今的中国，实在是屈指可数，不成气候，又如何可以影响一国语言的使用呢？

04 阿 Q 的精神传统

有小朋友问了我一个关于阿 Q 的问题，大概是有关阿 Q 的自轻自贱的历史文化背景。因为忙，一时也无法作答。趁着航班上的空闲时间，不妨谈谈看。

阿 Q 的自轻自贱其实是一种自我保护，与其遭人痛扁，不如自己占一个先机，自轻自贱在前，以此来保住自己皮肉不再吃苦。在他看来，人格的侮辱较之皮肉的受苦，是不算什么的。

中国文化历来就有自轻自贱的传统。这是与中国文化中的另一特征——注重礼仪——联系在一起的。在中国文化中，自轻自贱就是对别人的尊重。例如“犬马怖恐”“牛马走”“卑贱之人”之类的，非但自轻自贱，连与自己相关的也一并轻而贱之，“贱内”“犬子”也是如此。在中国文化中，这些语词由于长时间一直在这样的特殊语境中使用，早已消解了对自己人格侮辱的意思，而变成一种客套和礼貌。说的人和听的人，都不觉得有什么奇怪的。

但是深究起来，委实不是这样简单，因为语言天长日久地使用是足够用来塑造一个民族的品行的。在中国，“谦谦君子式”的礼仪背后究竟是什么呢？要谈这个问题，先要解决另一个问题，中国的“礼仪”本质是什么？现在，很多人对于国人在国际上的种种劣行抱恨不已，觉得世风日下、人心不古，这实际上是对“礼仪”的最大误读。中国古代的礼，更重要的功能不是一般的人与人之间交往的规则，而是强化等级制度的手段。一部《周礼》何尝教人和谐相处？分明是强调“君君臣臣父父子子”的通典。一般的礼仪规范是以人人平等为基础，而中国的礼仪是建筑在社会等级差别的基础上的。子曰:“必也正名乎。”“正名”的意义就在于区别等级差别。正因如此，在国人看来，自轻自贱就足以用来抬高别人，表明别人较之自己高了一等，这叫作尊重。尊重者“尊之而重之”也，这样就算是符合“礼”的精髓了。但是前面说过，语言天长日久地运用，实际上就是在塑造一个民族的品格。一个天天使用着自轻自贱的客套语言的民族，对于人格尊严究竟会有多少坚守，是可想而知的。

阿Q当然不是出于礼貌而自轻自贱，但是中国人既然已经养成自轻自贱的民族性格，阿Q自然也觉得自轻自贱是一件再自然不过的事情了。做一件再自然不过的事情而能够免于皮肉受苦，何乐而不为呢？所以，他的选择是一种具有民族个性的选择。而这种选择的背后，我们应该看到的是一种民族文化的乖谬。

05 阿Q的相貌

阿Q的相貌想必大家都会有所想象，那根黄而短的辫子，那一头癞疮疤且不说，就那张时时翕张、仿佛随时都会滴出唾涎来的“死鱼嘴”，也会给我们留下极其深刻的印象。而且我发现，这样的“死鱼嘴”似乎不是阿Q的专利，在大街上一走，你会发现很多这样嘴脸的人。另外，佝背和溜肩的似乎也以中国人居多，几个亚裔走在一起，你基本上一眼就可以断定哪个是中国人。于是，就有了研究的质问：何以如此呢？

从生理学的角度看，“死鱼嘴”乃是因为颌面的咬合肌松弛，溜肩和佝背则是由肩胛部位长期松弛造成的。这种松弛常常和人萎靡不振的精神状态相联系，当然也是人彻底放松之后的一种状态。但是，我想深究的则是，这种状态何以成为一个民族的烙印乃至一种标志呢？其实不妨反过来看，什么时候需要一个人嘴唇紧闭，抬头挺胸呢？多半是一些比较正式、体面甚至是严肃而庄严的场合。在这样的一些场合中，你个人的重要性是不言而喻的，也因此有一种无可替代的被尊重的感觉。

我们不妨用这样的标准来看一看我们的生存状态。我们的文化唯权唯势，即便你是一个权力人物或者势力人物，也总有更大的权力或者势力在你之上，所以你随时都必须作出奴颜婢膝的样子，低头耸肩，张嘴傻笑，而且到了更大的大佬面前，你也就微不足道了。更多的人则被划入“草民不予与焉”的范畴——万事既然与我无关，我的观点、我的想法、我的感受自然根本不会有人来关注，草民自然便成为历史上可有可无的背景而已。人的天性就是这样，既然“不予与焉”，自然就没有“我很重要”的意识，当然不必抿紧嘴巴、挺直腰杆、作出很有尊严的样子来。草民浑身松懈，如一滩烂泥一般，或瘫坐或蜷缩到街头屋角，把自己归于虫豸一类，让自己彻底在上大人的眼前消失。长此以往，它也就成了阿Q的样貌。简直地说，这样的样貌实在是长期被褫夺了尊严的结果。

其实，想说的还不是长相的事情。台湾地区艺人陈升曾希望大陆游客不要再去台湾了。他的理由是，大陆客人上厕所不知道关门，并且因此反对“服贸”，两者之间的逻辑关系固然莫名其妙，而且一个艺人想对政治问题发表自己的意见也只好随他。但是，大陆游客的粗鄙、不文明，似乎已经成为一个世界性的共识，我自己就亲眼在俄罗斯高速公路休息站的厕所里看到中文写的“请不要蹲在马桶上，违者罚款10卢布”的警示语（只有中文，浑不见其他种类的语言）。最搞笑的是，在法国的洗手间里贴着“上前一小步，文明一大步”的中国式告示贴（我简直怀疑是从义乌小商品市场买来的）。而我想说的是，中国人何以就如此不堪呢？文明的习惯来自相互尊重，想要一个从来不受重视的人坚守文明的习惯，实在是一件不可能的事情。中国人之不文明，就是从来没有被尊重的后果。中国的草民，在某些人看来，实在是蝼蚁或者虫豸，是不配受到尊重的。有人说过，原子弹不可怕，中国人炸死了三亿，还有三亿，那么多的生命不过是一个数字而已。在这样的文化里，人哪里还有自尊需要坚守？既然没有了自尊，哪里来的文明素养呢？即便他听着交响音乐，品着蓝山咖啡，脱不了的还是没有自尊的破罐破摔的粗鄙。这是问题的关键。

所以，阿Q的相貌，不仅仅是相貌的问题，只要中国人没有尊严可言，那张“死鱼嘴”永远会这么翕张着，作为中国人缺少教养、没有素养的标志，在当今的世界上招摇。

06 儿童行古礼说

打开某份早报，头版就是一张照片，一群穿着“学童服”的小朋友正在向湖中投掷粽子，据说是按照“传统祭祀仪式”进行的。

我看不得这些。从复古的角度说，这些小朋友穿着不伦不类的衣服，嘻嘻哈哈地扔粽子，两边是或坐或立，同样嘻嘻哈哈的家长，这是不是古礼，我想稍有国学底子的人都看得明白。从另一个角度看，摆这样的“噱头”，我以为除了可笑，一无是处。但是从主办方的角度看，除了赚足眼球外，还赚足了钞票，顺便助长一下民粹的情绪。这真是一举多得，何乐而不为？

我的想法是，你们可以赚钱，可以表达自己的情绪，可以这样既浅薄又无知的折腾，但是千万不要扯上古礼。因为真的要扯起古礼来，恐怕这些倡导如此种种的人，自己也未必吃得消。古礼，古到哪里好呢？当然是越古越好，因为纯粹。那好，殷商之前是不可考了，就以甲骨文记载为例：“丁巳卜，其尞于河，牢，沉嬖”；“辛丑卜，于河妾”。那是要把活人沉到水里去的，真的玩起来，恐怕那些嘻嘻哈哈的小朋友非吓得尿裤子不可。另外，主祭的人斋戒净身一般要五天十天，这些小朋友不要说三月不知肉味，就是早晨没有吃好，身后那些爸爸妈妈也不干，不投诉这些组织者才怪。

还有就是你们既然捍卫古文化，就不要调戏它，否则我很怀疑你们的动机，是不是想让古礼演变成一场“活报剧”，让人嘻嘻哈哈了事呢？这不是颇违背了你们的理想吗？比如小朋友戴的帽子，什么是“冠礼”，不了解，总归应该听说过吧。这样大的孩子，是戴这种帽子的吗？——或许你们会说，这也太讲究了吧，但是我要说，衣服文章，礼之先也，既然冠礼可以不讲，那么燎沉之礼又为什么要上演呢？

对小朋友来说，无非穿上奇装异服嘻嘻哈哈一番，留几张照片罢了。但是对于中国文化而言，则是又惨遭一次调戏，而调戏者恰恰是嘴里时时念叨着复兴汉文化的“忠勇者”，这岂非又是一桩滑天下大稽的事吗？

我以我所看到的为悲哀，非悲哀民族文化之式微，而是为这个民族日益小丑化而悲哀。

索性也乱来吧。呜呼哀哉，尚飨。

07 捍卫柴静说出的常识

柴静的《穹顶之下》刷屏之后，意料之中的事情出现了：各种质疑与谩骂。我概括一下，大概有以下四种。

第一种是“专业的声音”：柴静的数据错了；其实历史学家和社会学家不这么分析；这是西方绿党的去工业化思维；为什么不听听某某专家的说法呢……最后归结为：其实，问题不是那么简单……这最后一种腔调，是最令人厌恶的，但是它有一种最大的功能，那就是将水搅浑，让“愚民们”不知所以，手足无措，思维渐渐混乱，判断渐渐迷失，最后一哄而散，让“柴静们”在“无物之阵”中寂寞死去。这是某些人惯用的伎俩。

第二种是阴谋论。不要看柴静义正辞严，其实她早就成了某些新兴利益集团的代言人，典型的语言就是幽幽地以看穿一切的口吻缓缓地说：你们没有发现柴静在下一局很大的棋吗？腹黑，是中国文化的特质。一切归为阴谋，一是我们民族内心阴鸷的表现，二是千百年来专制压迫之后的文化必然。这样的阴谋家是什么时代也少不了的。结果自然是希望大家都觉得自己的满腔热血，其实不过是被人利用而已，让大家觉得自己是在犯傻，于是选择不陪着大家玩。而一旦大家心灰意冷渐渐隐退之时，那些阴谋论者却开始洋洋得意了。

第三种是人格破产论。网上一搜，柴静受贿被抓、柴静的“小三生活”、某闺蜜揭露柴静的私生活之类的话题，又开始泛滥起来。这些信息不管怎样，都努力证明一点，那就是柴静是一个道德上破产了的人。在他们的逻辑里，一个道德上破产了的人，怎么能够说出真理来呢？

第四种则更专业，某传媒教授指出，在中国有几个人能够花上一百万拍纪录片，我们应该小心的不是《穹顶之下》，而是那些能够拿得出一百万甚至更多的钱用这种方式绑架舆论的人。这才是笑话，因为这位专家居然相信中国尚有没被绑架的独立的舆论。

我想对这些心思复杂缜密的人说的是：你们愿意在 PM 2.5 浓度超标的雾霾中生活吗？这才是问题的根本！

一个人花一百万拍了一百多分钟的纪录片，说了一个最基本的、老百姓人人都有切身感受的问题，竟然会有这么多人跳出来发出各种诋毁与谩骂。一个人愿意生活在看得见蓝天白云、看得见璀璨星汉的环境里，难道不是一个最基本的常识吗？

如果允许我也用阴谋论的观点来分析一下这些罔顾常识的所谓学者文人五毛的心态的话，不是也很有意思吗？一个人要不是受了某些集团的豢养与指使，怎么能如此不顾常识呢？

数据是不是正确，背后有没有集团，人格是不是高尚，是不是有绑架舆论的嫌疑，我们且放一边，只想问的是：柴静是不是说出了我们每个人内心真切的感受和意愿？我们可以不喜欢柴静，但是不能够无视自己内心对于蓝天白云的渴望，而这就是常识！

最后，请允许我引用李小萌微博上评论柴静的一段话："不管你喜不喜欢一个人，你都只能无条件支持她做的事，这就厉害了！"

见他之善，论迹不论心；见己之善，论心不论迹。与诸君共勉。

08 行禅与贺茂祭

似乎很不相干的两件事，缘何会说到一起呢？读清少纳言的《枕草子》时，读到关于“贺茂祭”的文字：“……这样乱蹦乱跳的顽童，穿上盛装，却忽然变得像定者一样的法师，慢慢地排着行走，觉得很好玩的。”于是，就想起在灵山的拈花湾小镇看到的行禅的情形了。

晨雾消散的时候，拈花湾小镇的街上会有扮演的禅师带着大人小孩行禅，他们戴着竹编的笠帽，手里捧一个木头的钵盂，钵盂里盛着清水，几朵花飘在清水里。他们排成一排，端肃地行走着，连小孩子也是从未有过的沉静。行禅是禅修的一种方式，而且是很自然的一种方式。行禅最关键的问题是，你的注意力都应该放在行走本身上，而不是追求某种目的，比如去某地，或者走了多远。如果累了，可以静静地站立，稍等片刻继续行走。不过这些并不重要，吸引我的是小孩子专注而安详的神情——清少纳言关于贺茂祭的记载，唤起了我对于那天观看行禅的回忆。

大概没有哪个地方的孩子像中国的孩子那样无所顾忌，但凡到了公共场所，听不到中国小孩的尖叫声、哭闹声，大概是不可能的。以前的家长往往是声嘶力竭地呵斥，现在的家长则大多无动于衷地旁观——据说这是先进的教育理念，是释放孩子天性的教育。相比较而言，欧洲的小孩或者日本的小孩很少有在大庭广众之下哭闹尖叫的情形。现在有一种观点认为，日本人的教育让人太过压抑，于生命之成长不利。而我觉得一定要分清楚的是，基本的文明要求和个性自然成长之间是有明显的区别的。且不说卢梭的自然教育理论本身存在着很大的缺陷（这基本上是教育界的定论），就算是卢梭也说过：“我们不能为了惩罚孩子而惩罚孩子，应当使他们觉得这些惩罚正是他们不良行为的自然后果。”可见，卢梭在尊重孩子个性之余，也认为惩罚是一种教育手段，并非主张由着孩子胡闹。

我在清少纳言的书里，在拈花湾小镇的街上，感受到的是另一方面的东西，那就是小孩子多经历具有仪式感的活动，而且是大人小孩一起认真参与的活动，对孩子人格的养成一定会有极大的好处。

中国文化本身是极具仪式感的，逢年过节也好，婚丧嫁娶也罢，非常讲究。不过大概是年深日久，再加上沧海桑田，这些仪式早就没有了神圣感，于是大家开始用将就敷衍的态度对待。先是在俭省上下功夫，最后变得可有可无，所有的仪式也不问来由，游戏一番而已，总之是没有了虔敬之心。比如婚礼，在酒肉杂沓的混乱里，司仪让新娘新郎发表誓词，带上戒指，既非中式，也非西式，婚姻的神圣感很难被铭刻在心。大人如此惫懈，就不太能够要求小孩子认真了。

而拈花湾小镇的行禅，或者贺茂祭的游行则不然。比如行禅，因为新鲜，因为笠帽和钵盂，也因为虽然是扮演但还是很认真的“禅师”，让行走有了某种宗教的意义，而大人的认真自然就让小孩子有了端敬的心思。至于日本的各种“祭”，本身就是全民参与，再加上神道教对日本文化的影响深厚而广泛，这种浸润的教育意义是不言而喻的。记得参观浅草神社的时候，看到许多匆匆赶着上班的“上班族”只要经过神社门前，必要合掌行礼的情形，就可见其影响了。

所以，可以有的结论是：第一，一个社会要有一点虔敬之心，这对于培养一个人沉静端肃的品性会有极大的好处，而我们的最大问题是无所虔敬。第二，大人的恭敬端庄可以影响小孩子，而一个民族的文明水准是可以在小孩子身上看出来的。第三，小孩子可以尽早地参与到一些认真严肃的活动里去，这样的浸润是文明嬗递的基础。我们只让小孩子生活在他们自己的原始状态里，什么时候他们才能够学会文明地与他人相处呢？

09 尽快忘记他

网上骂鲁迅骂得起劲，言其根本不配做“民族魂”，是民族的混蛋还差不多。言之凿凿的证据是：鲁迅教导青年人不要读中国书，要废除中国文字，还说马马虎虎的民族是打不过认认真真的民族的等等。要这样算来，我自己也吃了一吓，因为我自18岁开始通读鲁迅全集，至今不辍，也算是鲁迅的一个粉丝了。而且，他们所列举的这几个罪证，我也确实是看到了，竟然革命警惕性如此之差，实在深以为愧。不过，我至今还在看中国书，还在写中国字，照了那些激烈的青年的说法，可以算是尚没有被他荼毒了，也算是天良尚存。然而，天良固然尚存，读其书未能信其道，还要自诩为粉丝，那么混蛋的不是鲁迅，而简直就是我了。既羞且愧，就不免为了自己的自尊要辩驳几句，说明自己尚不至于神智错乱。关于那些指责鲁迅先生的人，有没有真正看过鲁迅先生的全集的考证，只好暂付阙如。

我之推崇鲁迅，并不是十分热爱，无比忠于，而是因为没有办法。之所以这么说，也是有道理的，因为鲁迅先生实在不是一个讨人喜欢的人，连他自己也对自己的嘴脸表示厌恶。有他自己的“遗嘱”为证。他希望自己赶快被人忘掉，不是矫情，而是真心的希望。他是伴随这个混乱的世界而存在的。鲁迅越有价值，则证明这个社会越混乱，越没有人性，越黑暗。按照这个理论，不希望其出现的人，要不是纯净如青天的赤子，要不就是浓黑如暗夜的鬼魅。我希望那些人是赤子，而不是鬼魅。

也有人要说，那些言之凿凿的证据，不是你也认了吗，还不足以论证其为混蛋吗？必须承认，鲁讯先生的确有问题，他的问题是读得太通，看到骨髓里，发现不对就大喊。殊不知，中国文化太过深厚，一般人就是知晓个皮毛，即便是“国学大师”也仅仅入门而已，正对着一团浓雾膜拜不已，怎架得住有人施施然从浓雾里出来说，其实就是“放屁”呢？比如，现在湖北某地成人仪式要穿汉服、行冠礼，连女的也要戴帽子，以为这样会对祖宗有肃然起敬的感觉——这是有网上的照片为证的。我不读《周礼·士昏礼》，但是知道“女子许嫁，笄而醴之，称字”究竟是什么意思。还有人要推孔，以为唯有孔夫子之能救中国。但是，孔子究竟讲的是什么？那些天天嚷着要尊孔读经的人，对《论语》是不是能够知道个大概？刘宝楠的《论语正义》（这是入门读物）有没有读过？现在，大喊尊孔的其实大半是不知孔为何物的，动不动就“六经注我”，其实不过是空手套白狼而已。尊孔的本质就是架孔（空）。这是老套路、老伎俩，不读中国书还真的是看不透。这还真的是鲁迅先生的失算。

我最服膺的是鲁迅先生对于中国文化的概括，那就是两个字：“瞒”与“骗”。其实，瞒与骗也就罢了，更可怕的是瞒与骗成了集体无意识，就非常可怕了。而鲁老夫子偏偏要将这样的把戏戳穿，而不是掩嘴胡卢而笑，这就是他不世故、不厚道的表现，惹了众怒也在意料之中。他之对于中华民族的文化颇有怨言，实在是气不忿的缘故，换作高人绝没有这样的闲心陪着一起玩，早就高蹈而呈现仙人的样子了。所以，鲁迅是中国文化的异数，为这种文化所摒弃，应该是在情理之中的。

当然，我从心里还是不喜欢鲁迅的，因为他与某种现实联系在一起，关注他、认同他，实在是因为没有办法。我也希望，我们能够尽快忘记他，但不是以现在这样的方式。

10 人机之战：人类如何胜出？

2016年，Alphago与李世石的围棋五番棋之战，成为全人类关注的焦点。在“深蓝”赢得国际象棋的“世纪之战”之后，围棋已经成为捍卫人类智力尊严的最后之地。当然，李世石还是失败了。不过，还是有一些不甘失败者在分析Alphago的弱点，讨论战胜它的可能性，总希望能够战胜这台机器，赢得人类的尊严。

一些对人工智能不太了解的人会说，Alphago不还是人类设计的吗？说到底，还是人类的胜利啊。其实，目前Alphago所作的每一个决断都已经不是人类所能够掌控的了。深度学习的发生，其结果已经不在人类的掌控范围之内。比如，在第一局中的“五路尖”这种完全不符合围棋常理的下法，就是机器自我判断的结果。它的学习能力或许是人类给予的，但是它的判断决策能力已经是它自有的了。这似乎很可怕。我们独霸这个世界已经很多年了，无法习惯一个具有相对独立决断力的存在物威胁到我们的存在，更何况这样一个存在是我们自己一手创造的。虽然有自动化专家觉得现在担忧机器智能超越人类还为时尚早，但那也只是时间问题而已。当我们的生活越来越依赖机器，而机器越来越能够进行独立判断的时候，我们的确应该思考人类应该以何种方式存在于这个星球上了。

当然，一些不甘心的人还想通过发现Alphago的弱点去战胜它，但事实上，当Alphago具有了学习能力之后，人类越强，它就越强。相信在和李世石的较量之后，它会变得更强。Alphago的革命性在于它已经是一个自学习系统了，已经到了“你给我一个规则，我还你一个惊喜”的地步。更何况，它比人类更专心，更不知疲倦，更不会受自身生理或者心理变化的影响。

于是，大家开始彷徨与恐慌，而我却不以为然，不妨换一个思路：不是去战胜机器，而是让我们人类变得更好。Alphago 或许可以战胜李世石，但是战胜不了大竹英雄。日本这位唯美主义的棋手，当他觉得下出的棋型不美的时候，他情愿投子认输。这是 Alphago 所不能的。在家看《叶问 2》时，我发现一个细节，叶问在与对手切磋的时候，将对手击倒的同时却用脚轻轻接住对手，以避免对手重摔倒地而受伤。我觉得这个细节的设计是很有光彩的。一个是“美”，一个是“仁爱”，我想这才是人类最不可被褫夺的尊严。这是人工智能暂时还不能达到的高度，因为这些东西的最大特点是由向外的努力得到向内的结果，人工智能并没有“内在”的感受。

所以，结论就是人本就不该和机器去比高下。人类的行为有可以也应该被机器取代的，也有机器无法取代的，就是这样。

11 谁允许你如此暴戾？

我向来对于中国的娱乐界不带感，所以娱乐界的各种风风雨雨自然不入我的窗牖。不过，看《中国好声音》时，看到媒体如此抱团欺凌汪峰，便有些不忿，再看某日的某报，居然有评论说："艺人必须学会承受并且感激世俗的偏见，否则等待艺人的就不只是鲜花，更多的是板砖。"觉得有些话还是应该说一下的，不是为了打抱不平，而是为了提醒大家要警惕这种暴戾对于我们每个人的伤害。

我看到媒体如此罔顾现实，读着如此暴戾的文字，心里一遍又一遍地发冷。因为我看到了社会中另一种戾气在滋长，而且竟然以一种庄严的姿态。有些媒体的媚俗、媚权、瞒与骗成瘾，早已是不争的事实，不管出于什么文化、什么原因，善良的人总以为它们也是无奈，海内有逐臭之夫，人们也觉得不过是黄色小报当行本色。但问题是，总以为媒体还是知道羞耻两字是怎么写的，捏牢鼻子不说而已，岂料现在竟然霸凌得如此理直气壮、义正词严。

在许多人的眼中，媒体代表了知识与正义，是社会的良心，所谓"无冕之王"。多少新闻人、媒体人为了那点新闻自由，不惜以命相搏。至今，还有许多老百姓对于媒体传递的信息坚信不疑。我们的大多数媒体能够翻手为云覆手为雨，用瞒与骗愚弄百姓，实际上也是靠了这么多年百姓心底那点信赖"无冕之王"的心理定式。但是，媒体错误地理解了自己拥有的话语权，以为自己一旦拥有话语权，自然可以睥睨众生、为所欲为、顺我者昌、逆我者亡。

就拿此次的汪峰事件来说，媒体的所作所为，连汪峰的对手庾澄庆也看不过去了，那英、周杰伦也在努力帮衬，但是媒体一而再再而三地彰显着自己的霸凌之气。与前两排音乐业内人士的投票相比，媒体视之若儿戏的傲慢完全暴露在世人面前。汪峰可以有这样那样的不好，媒体也可以有这样那样的批评，但是那些学员只因为是汪峰的学员，就遭遇这样的不公，这就不是一个娱乐事件，而是关于专业公正、社会公平的大问题了。

而某报的文章，则更加不讲道理。按照这篇文章的逻辑，谁叫你是戏子（“艺人”），你就活该被我们“偏见”，而且我还要居高临下地谆谆告诫你，你还必须“感激”我们的偏见。敢不受我们偏见的玩弄，等待你的就是“板砖”。其实，“板砖”还算好的，封杀你，你连饭也吃不成了。打击你，玩弄你，你还必须感恩戴德，叩头称谢，咄咄逼人，杀气腾腾到了这个地步，我不禁要问，是谁允许你如此暴戾！

汪峰对于我来说，连一个饭后的谈资都不是，他是不是音乐界的“半壁江山”，似乎只有音乐圈内的人有兴趣去讨论。至于说欠他一个头条，只是一种格调不高的玩笑，也不伤大雅，开开玩笑，月白风清本无所谓。但仗着拥有话语权而罔顾事实，随意决人成败，还要劝告艺人应该甘心接受流言的暴虐，这就不是汪峰的问题而是一个社会的文明底线的问题了。围绕汪峰的种种行为与文字，并不是一件小事情，它昭示的是社会整体文明水平的溃败与沦丧。阿多尔诺用“文化工业”来指代这种娱乐文化，并且将这样的文化称为“社会水泥”，他认为这样的“社会水泥”是极权主义、法西斯主义的帮凶。今天，我们终于看到“社会水泥”是如何用它的冰冷坚硬板结人们的心灵，让我们无视真正的美好与善良，忘却宽容与真诚，看到它们是如何将公平与正义看作厕纸一样揉成一团随意丢弃。

“无尽的远方，无数的人们都与我有关”，今天是娱乐界的汪峰，明天可能是财经界的某某，后天也可能是某个职业群体……早晚有一天，我们每个人都会感受到这样一种霸凌文化对于每个人的侮辱与欺凌，包括现在正在得意的这些娱记与所谓的文艺评论家。到那个时候，我们只好自己吞下自己种下的“恶果”。谓予不信，且待来日！

12 杨先生的隐身衣

杨绛先生遽归道山，引得一片哀悼，这几天也算是被伪杨绛语录刷屏了。这其实不正是一个大讽刺吗？其实，大家未必真的那么知道杨绛，只是微信随手转发实在是太容易不过的事情了。在众多的哀悼之中，我以为“最贤的妻，最才的女”大概算是正评了。她对钱锺书先生的执着之爱让人感佩，为了夫君几乎完全掩却了自己的光芒，一生守护着这一个文化象征。其实，钱锺书先生也是知道杨绛先生的才华的，所以我以为“最才的女”的评价应该是发自内心的赞美与愧疚。从我的观点来看，《洗澡》较之《围城》无论是思想还是艺术都要高很多，单凭这一点，她也称得上是钱锺书眼中“最才的女”了。

但是，就像钱锺书担不起“文化昆仑”这样的赞誉一样，杨绛先生同样不足以成为某种文化精神的象征，我想她自己一定也不愿意担当这样的角色。所以，在听到杨绛先生离世的消息的时候，我很有负罪感地松了一口气。我发的微信状态是：“据澎湃新闻报道，杨绛先生终于穿上隐身衣，绝尘而去了，掩嘴胡卢笑着看大家各种哀悼的表演了。”

隐身衣，是她在《杂忆与杂写》的序言里提到的。她和钱锺书说着玩儿的时候，都不约而同想要一样仙家宝贝，那就是“隐形衣”。不过，她对于这件“隐形衣”却有着别样的理解。她说：“其实，如果不想干人世间所不容许的事，无需仙家法宝，凡间也有隐身衣；只是世人非但不以为宝，还唯恐穿在身上，像湿布衫一样脱不下。因为这种隐身衣的料子是卑微。身处卑微，人家就视而不见，见而无睹。”“唯有身处卑微的人，最有机缘看到世态人情的真相，而不是面对观众的艺术表演。”

所以，她的谦卑只是为了能够躲过众人的目光而一心看世间好戏。其中，冷然有着逼人的傲气，其实他们夫妇二人都是很倨傲的：“我和谁都不争，和谁争我都不屑。”这道出了杨绛内心的高傲。他们宽厚、隐忍、慈悲的背后，就是那股冷冷的傲气，因为谁都是他们不屑的对象。

隐身衣的另一个作用，当然是自保，不让你们看到，不让你们发现，你们自然也无法加害我们，这是隐身衣的另一大妙用。而这样的妙用的背后，自然有着时代的耻辱。有一篇文章称“这个时代配不上杨绛这一代知识分子”，我同意一半，那就是这个时代对于知识分子的伤害之大大概是无以复加的，历朝历代对于读书人的残害不能说不惨烈，但是并未削弱士林正气，但是这个时代却让知识分子中的士林正气消失殆尽。杨绛的隐身衣，不能不说是在这样严苛的世道中无奈的世故的选择。圆滑或者隐忍，并不是其本身的错，而是这个让他们圆滑或者隐忍的时代的错。这样的时代，谁都配不上！

之所以说同意一半，是因为我觉得杨绛真的无法代表一代知识分子，她的冲淡谦和里有着市侩的世故，这虽然不是她的过错，但这种世故确实存在。她在《洗澡》《杂忆与杂写》以及《干校六记》里，用克制表达内心的愤怒，我们固然可以看作一种格外动人的艺术手法，但是那种随时准备逃离的无奈的狡黠同样掩映在字里行间——我不陪你们玩，我骨子里看不起你们，但是我也不惹你们……这大概就是杨绛先生内心会时不时一闪而过的话语。很多时候，她是为锺书君活着的，她动人的小儿女态，温暖的情愫也都是为锺书君而呈现的。这份情感固然令人感佩，但是她不能就凭这些而成为一代人的象征。

杨绛先生走了，她其实走得很幸福，因为让她一个人年复一年茕茕孑立地生活在对女儿与夫君无尽的思念中，又要表现得达观冷静，实在是太累的一件事了，也足以证明天地的残忍。我希望她在天国安好快乐。

但对于还活在人间的我们，不妨停止这些无知而矫情的悼念。我们可以不倨傲，但未必一定要让杨先生看笑话。

13 贵族与土豪的阶层利益之争

——重读《李将军列传》所感

总体上来说，中国历朝历代的历史著作大多是讲政治的。《春秋》出而乱臣贼子惧，彰显的就是“政治”的力量。很多人说，中国的历史很讲究道德，这一点我要说一下，中国的历史很讲究的是“伦理”，而不是道德。伦理，就是伦常纲纪，讲究的是上下尊卑。所谓上下尊卑，就是桃子树下三结义，忠义堂里排座次，这就是中国人心中的“政治”。跟西方学术体系中的“道德”，半毛钱关系也没有。

有人说《史记》很了不起，但它还是一部讲“政治”的历史书。司马迁写历史的最大特点就是在其中有自己的不平之气。受了刘彻的气，就在历史书里曲折地发泄，《史记》其实是有“私见”的书。大家要知道，司马迁的祖先世典周史，后来家道中落，到了司马谈的时候，又担任太史一职，这是他们一家觉得很荣光的事情。太史公曰：“先人有言：‘自周公卒五百岁而有孔子。孔子卒后至于今五百岁，有能绍明世，正易传，继春秋，本诗书礼乐之际。’意在斯乎！意在斯乎！小子何敢让焉。”这基本上就是把自己当作孔子再世了。

其实，如果再考据一下我们会发现，司马迁为李陵辩护而得罪武帝，除了仗义执言外，还有很多的背景。比如，汉代对于前朝贵族的打压，自然就使得前朝贵族之间同气相求，结成利益联盟。李氏是陇西贵族，虽颇有军功，但是必然受到刘氏集团的忌惮，“赏不行”也在情理之中。这样说不是凭空猜测，只要看看李广之子李敢被谋杀的前前后后，就能够明白。至于李陵遗苏武书，则将这一层意思说得很分明。司马氏，曾经是战国时显赫的家族，但是到了汉代门衰祚薄，司马迁下狱以后的经历就很能够说明问题。他们之间走到一起，同样是利益使然。实际上，整个李陵事件，是汉武帝借助于惩治李陵、司马迁而对前朝贵族集团的彻底打击，这一点司马迁不会不明白。所以在《史记》中，对于贵族阶层的赞美，其目的是在于贬斥刘氏土豪，发泄心中不满。否则，对于鲁莽颟顸的项羽，又何必如此曲尽溢美之词呢？很明显，项羽是贵族出身，与那些迅速蹿红的屠狗走马之族，是不可同日而语的。

一方面，以孔子自许，要端正纲常；另一方面，又卷入利益集团之间的纷争，这样的历史怎么会没有“私见”呢？至于后来的20多部正史，为尊者讳，为贤者讳，为亲者讳，则已经将“潜规则”变成了“显规则”。亲，是明摆的事情，尊和贤，则是既得利益者说了算的，哪里还可能有历史的“真实”？

所以，以史为鉴实际上是以某种理念为鉴，然后又以这样的“史实”去证明这种理念的无比正确性，循环论证，结论一定是“无比英明”“无比正确”的。但凡历史中有些与这样的理念不符合的东西，有些人则干脆以正义的名义直接从民族的集体记忆中删除。所以，我自己在读到某段历史的相关史料的时候，完全是大眼瞪小眼，觉得自己被骗了很多年。这样的感觉很不好，觉得自己就是个傻子，而更加不好的是，现在连写历史的人也是这样的傻子，被人骗了，觉得历史就是这样的，于是将自以为是的历史“真实”地传递给后代，那我们的后代岂不是变成了被傻子骗的傻子吗？

14 在罪恶中没有谁是道德的高贵者

——再读《老王》

杨绛先生这位穿着“隐身衣”的老人，总会让很多人牵挂，牵挂的原因或许是她已经成为一种文化的象征，太多人在她的身上寄托了太多的象征意义。我想说的是，对于一个穿着“隐身衣”的人，我们对她的了解其实并没有想象的那么多。

“隐身衣”的比喻多次出现在杨绛先生的笔下，这是他们夫妇二人无奈的智慧。说是智慧，因为借助于隐身衣，他们可以在被无视的前提下，看清世人的真面目。这对于他们来说，是一件很快意的事情。说是无奈，是因为经历过那么多的政治风雨，他们懂得只有穿上“隐身衣”，才能不被别人关注，才能躲过各种罗织的绳网，在危巢之中苟活。他们观察世相，无非要看出世人的可笑、世间的荒诞罢了，所以《老王》也不例外。

一个孤苦无依的三轮车夫老王，在那个风雨如磐的年代，得着杨绛的照拂，也尽已所能地关照着杨绛夫妇，临死前将自己家里的所有财产——一瓶香油和一包鸡蛋送给了杨绛。而当历经坎坷之后，杨绛先生忽然对老王产生了一种“愧怍”之感。这大概就是这篇文章的主要内容。但是关于“愧怍”，杨绛却给我们留下了一个大大的疑问。她并不申说，由得大家胡乱猜想，这或许也是她的隐身衣吧。

所以，我们不妨大胆猜测。老王是不幸的，他的不幸大致体现在四个方面：第一，因为“脑子慢”，失去了“组织”的庇佑；第二，有一个哥哥去世了，两个侄儿不争气，正所谓无依无靠；第三，身体不好，瞎了一只眼睛，有一段时间还因为营养不良而得了夜盲症；第四，则是因为恶病而瞎了眼，颇为人诟病，认为他年轻时不规矩。总之，他是孤苦无依的典型。同院的老李，对他的死的关注，恐怕只在于他的身上缠了多少尺白布而已。唯其如此，他对于被他人认同的需求也就格外强烈，差不多到了“给一点阳光就灿烂”的地步。而这个时候，杨绛的那点阳光正好不期而至：杨绛坐他的车还跟他说闲话，钱媛给他吃了鱼肝油，在他生计没有着落的时候，钱锺书愿意让自己“降格为货”，成全他的生意。总之，在他看来是呵护有加，让老王感觉到无比的温暖，甚而至于“直把杭州作汴州”，私底下将钱家上下当作自己的家人一般。

此说是否有根据？当然有。如果说老王给钱锺书家送冰收取一半的钱，还是一种感恩之心的话，“哑着嗓子”问“还有钱吗”，临终送来香油和鸡蛋，以及谈论自己的住所的时候，特别强调自己只是“住那儿”（而不承认那就是他的家），则异常明白地表明自己对于钱家的“家人般的感情”。

可惜的是，杨绛并没有领这份情，在她心底里实际上压根儿没有意识到这份感情的存在。她对于老王的关怀，大概有三种原因：一是怜悯的天性，觉得老王可怜而加以照顾；二是自身作为知识分子的修养，待人接物就应该客气有加；三是对于这个不欺负自己的老实人的感激（也从侧面反映那个时代对知识分子的欺侮）。这其中唯独没有视同家人的亲切感。所以，当老王哑着嗓子问他们是否还有钱的时候，她会“笑”着说有钱，这样的“笑”的背后，大家应该是能体会得到的——就像当年上大学的时候，我在大家云集的学术会议上挑战大师后，大师留下的意味深长的笑容。所以，当老王知道自己大限将近，拖着病骨支离的身子将自己家中最值钱的东西交付杨绛时，她会转身去拿钱打发他回去。因为这样的情感，超出一个知识分子与一个三轮车夫的社交阈限，完全不在她的套路上了。她对于老王的情感的伤害完全是无意伤害，完全是在按照一个知识分子应该有的道德规范在待人接物，甚至更好。

当然，杨绛也有反思，她将老王的所有种种看作一种“感谢”，觉得自己不应该用钱去“侮辱”他。用金钱去表达对于别人“谢意”的领受，这是方式上的庸俗，是自己内心的小市民习气的表现。这其中固然也有着杨绛对自身的反思与批判，但是这种反思中，她依然觉得自己的言行与态度是应该得到像老王这样的人的“感谢”的。

她的转变是在“几年”之后。当自己也处于被组织抛弃、被亲友疏远、贫病交迫、人格受辱的状态下的时候，她才真正体会到，那点阳光对处于那种状态下的人们的意义所在。这个时候，她才真正从道德的自得中惊醒过来，发现了自己灵魂的卑微以及对另一个灵魂的伤害。

在大多数知识分子因为自己是社会的受害者而自然地将自己归为道德的正义者的时候，杨绛所做的则是将发现自己灵魂的卑微而产生的愧怍之情书而成文。《老王》是她从隐身衣背后露出的一双眼睛，它直视所有抚摸着自己身上的伤痕感受着自身道德高贵的人，她想告诉他们的是：在罪恶之中没有谁是道德的高贵者。

15 抖落尘埃，你是否还在？

——《比利·林恩的中场战事》观后

看李安的作品，无论良莠，总能够有些说道，这或许就是李安的智慧。《比利·林恩的中场战事》放映以来，似乎评价并不如想象得那么好，寻常的故事，寻常的手法，平庸的台词，可以称道的是演员的表演以及 3D、4K、120Fps 的超清晰画面。但是，影片依然用自己细腻而犀利的场景，告诉我们生活本身的残酷。

我们似乎被那场伊拉克战争给框住了视线和心灵，以为这只是一部反思战争的作品，就像当年《少年派的奇幻漂流》一样。刚开始，我们也只是以为这是一部奇幻之作，但其实它们都指向我们最寻常的生活，用唯美或者高清撕开我们心灵的假面，让我们直面自己最真实的生存状态——李安有着最温柔的笑靥，却有着最残酷的内心。

《比利·林恩的中场战事》的故事情节并不复杂，即便剧透了，也依然可以走进影院去观赏。李安并不是在讲故事，而是通过这样的故事让我们知道自己真实的存在状态。

在整部影片中，这些“战士”处于两种截然不同的生活感受之中：一方面是英雄的待遇，如鲜花美酒、加长的道奇车、全场的起立欢呼、观众轮流上前表达的敬意、啦啦队美女真诚的爱慕……另一方面，他们同样被忽视着，如联络官员对于头疼药的遗忘、橄榄球运动员的好奇、女导演的机械与冷漠、嘻哈演员的挑衅、搬场工人的老拳相向、观众的揶揄……当然，还有那些将他们以命相搏的生命经历当作可以交换的商品的制片人和大亨。

但是，所有这些都不是最主要的。作为一名教师，我对于年龄或许比较敏感。比利·林恩只有19岁，所以我在看电影的时候，一直将他和我所认识的19岁少年进行比较。我感受到了林恩的孤独、压抑、紧张和无助，作为一个少年，他在经历了这些之后，需要的或许更多的是心理的疗伤，而不是英雄般的待遇。他的家人不了解他，母亲觉得做一顿他最爱吃的饭菜，在冰箱里塞满他喜欢的饮料就够了，他瘫痪的父亲觉得关注伊拉克战局就是对儿子的支持，深爱他的姐姐希望他能够离开战场回到家人的身边，而那位啦啦队的金发美女则将对于国家英雄的所有幻想寄托在了他的身上。但是，他真的只是一个孩子，需要的是抚慰、呵护，需要的是别人对他所经历的一切的理解，认认真真地倾听他内心最真实的感受。他的成熟、前所未有的冷静和坚定，都是不正常的，是这个扭曲的现实所强加给他的，这是问题的关键。他最后选择和自己的战友在一起，是整个影片中最悲情的一幕。当时，我的脑海里只有一个声音，他没有别的选择！只有这些和他有着相同经历的人，才真正懂得他所经历的究竟是什么。乔·阿尔文演得实在是太好了，借助高清的画面，通过他的眼神看到的，远比故事情节丰富得多。

爱情或许是拯救他的那艘诺亚方舟，但是当他小心翼翼地说出“真想和你一起逃走”时，却发现迎向他的是一张惶恐错愕的脸庞。他知道自己错了，因为在这位金发小姑娘的心里，他就是那个为国奋斗的英雄，而这种软蛋的话语是不该出自一个英雄的。于是，林恩彻底地放弃了——姐姐是改变不了他的，因为那样的家并不是他足以疗伤的港湾，但是最后他还是和自己心爱的姐姐相拥而泣，哭得让人内心一阵一阵地揪着疼。有什么比一个绝望者的哭泣更让人伤心的呢？

最后的镜头，林恩走进了步战车（其实是道奇车的幻象），对着已经死去的班长施洛姆（范·迪赛尔饰演）说“我爱你”的时候，是那么的绝望、伤感、可怜，但这也是一个幻象。接下来的镜头是全车的战友都以为林恩是在对他们说话，于是也都充满感情地回答：“我爱你！”——李安的内心要有多寂寞，才能够演绎好这样一个场景。这个镜头里所充斥的那种苦涩的味道，是在我看完电影48小时之后才渐渐地浮现出来的……

然后，你忽然发现，我们每个人都是比利·林恩，生活在别人以为的生活中，所有的人按照他们对你的理解爱你、恨你，而你依然孤独地生活在你自己的心里。电影为什么以比利·林恩为主角？因为他还是个孩子，还没有认清这个世界的本质，希望被理解、被安慰。其他所有的人呢？想想施洛姆的话：那颗射向你的子弹早就已经出膛——一切皆是宿命。

这是李安最灰黑色的电影了。

不过，那些概念化的人物是这部影片里最大的败笔，老板大亨的唯利是图最是如此。他的出现多少减弱了作品存在主义的气氛，转而变成一种道德的谴责，稍稍滑向战争反思的老路上去了。如果是那样，还不如再拍一遍《生逢 7 月 4 日》。只有每个人都生活在貌似合情合理的生活逻辑中的时候，生存本身的荒谬性才能够得到充分的展现……

16 那十二个动人的男人

——话剧《十二个人》观后

到安福路看一场小剧场话剧，是很多上海文青的必修课。虽也随喜过几次，但是印象并不非常深刻。所以，当太太征询我是否想看《十二个人》的时候，我不免有些踌躇。不过，当我了解了这个剧的大概剧情之后，还是觉得值得一看。

《十二个人》的剧情并不复杂：一个街头混混被发现杀死了自己的父亲，有楼下的瘸腿老人和街对面的中年妇女为证，似乎案情确凿，只要12个陪审员一致作出有罪的判决，就可以将这个“社会的渣滓”送上电椅。陪审员听了三天的庭上辩论，其中11位很肯定地觉得那个孩子有罪，但是有一位陪审员却始终表示质疑。而且随着剧情的展开，越来越多的人感觉到在判案的过程中存在着“合理的怀疑”，渐渐地转向了“无罪”一方。最终，12个人经过激烈的思想冲突，达成一致，那就是在证据存疑的情况下，一致认为男孩无罪。

一剧终了，12位还沉浸在剧中的演员出来谢幕的时候，我很热烈地给予了掌声。我真的被这个剧感动到了。

让我感动的首先是那个坚持己见的陪审员。当11个人都认为那个男孩有罪，他没有确凿证据证明男孩无罪的时候，坚持要大家“讨论讨论”。他有两个基本理由：一是不能如此轻易地消灭一个生命；二是对于法庭上似乎确凿无疑的证据还有着“合理的怀疑”。而“合理的怀疑”在剧情的发展中不断出现，几乎成为全剧的主题词。

这位陪审员让我感动的还有他的执着与坚持。有多少次，我们因为“少数服从多数”的理念，而放弃了自己的坚持。为自身利益甚至只是为了图个相安无事而放弃对于内心的忠诚、对于原则的恪守；放弃表达自己的权利和自由，而选择委屈隐忍，以求得他人的承认和接纳。甚至觉得最应该背叛的就是自己的良心和良知，可以用它们来换取任何让自己免遭抛弃和鄙视的东西，时间一久，甚至开始怀疑有没有个人意志和道德准则。但是，当陪审团的主席要求大家对那个孩子是否有罪进行举手表决的时候，那位陪审员面对 11 只高高举起的手，就这样静静地坐着。我想这就是勇气。不过，再进一步追问的话，我们不妨想一想，为什么他能够这样坚信？为什么他会有这样的勇气？为什么我们的文化中却少有这样的勇气和坚守？是什么让我们越来越缺少“虽千万人吾往矣”的勇气的呢？这句话出自孟子，距今已有两千多年。这两千多年来，我们一直奉他为精神导师，但是为何我们离自己导师的精神越来越远呢？

其次是对于生命的尊重。一个黑人小孩，他的死在很多人看来似乎无足轻重，甚至有人因为他是一个黑人、一个在贫民区长大的孩子，而巴不得让他死，但是这位陪审员却一再强调这是“一条生命”。它超越了肤色、种族、文化、阶层，我们存在的本质就是两个字——“生命”。周国平说，“生命本来没有名字”，这是一个普世的价值观念。当面对失去的生命，我们还在计较他在编不在编、是县团级还是司局级的时候，当我们将一场场生命的悲剧演化为对于体制的颂歌、让死者的家人表达出对于领袖的关怀感恩戴德的时候，你不觉得这是对生命最粗暴的践踏吗？对生命尊重的最基本原则，就是承认每一个生命都有自然存在的权利和自由。而好的体制就是，保证每一个生命都能够自由、自然地存在。我想，这就是那个陪审员能够坚持己见的基本信念所在。

最后是这位陪审员相信所有的事情都应该讲道理。作为一个思维缜密的建筑工程师，他对言之凿凿的法庭证据表示怀疑，带领所有的陪审员爬罗剔抉，终于发现确凿无疑的证据其实漏洞百出。正因如此，那些坚信那个孩子有罪的陪审员才开始一个一个地站到了他的一边。理性的信念，大概是欧洲自古希腊文明以来的基本内容，即便他们承认非理性的存在，也努力为这种存在寻找理性的根据。这位陪审员引导大家寻找的不是这个孩子没有杀人的确凿证据，而是去发现那些法庭证据“可能是错的”，也就是这部剧中反复出现的台词——“合理的怀疑”。当一个人对于“理”有所信仰的时候，他就会觉得“合理”是一个正确的选择。

当然，如果只有那位陪审员一个人这样坚持，这部剧只能说是一部英雄主义的歌颂剧，表现出对于一个有信仰的英雄的赞美。关键的是，这12位陪审员能够抛弃自己原来的见解，抛开因为年龄、身份、经历、观念差异所造成的羁绊，纷纷转向“无罪”的判决。而支配他们的其实只有一点，那就是对于“理性”的信仰。这出戏前半部分或许还是那位陪审员在帮助大家去除理性思考的盲区，去发现可能的真相，而后半部分尤其让人动容，因为此时人们所面对的不再是案情本身，而是每个人的心灵世界。前半部分，所有陪审员的对手是认知的误区，而后半部分，他们的对手则变成他们自己。这部剧的巨大力量在于，他们终于战胜了自己，表现出对于理性的坚守与忠诚。当那个始终怒气冲冲鄙视甚至仇视一切贫民窟小孩的陪审员，一边诅咒一边恶狠狠地加入认为无罪的行列的时候，那位因为自己儿子的经历而仇视所有的“儿子”的陪审员在全剧的尾声痛苦地喊叫“让他活着！”的时候，实际上正是全剧最让人动容的时刻。因为他们或许有种种偏见，但是面对强大的理性的力量，都选择了接受与服从。

他们中间或许有人本身就是那个小孩的同情者，或许有人即便认为他无罪，内心还是想杀了他或者毁了他，但是当理性告诉他们让这个孩子去死的道理不充分的时候，他们毅然决然地选择让他活着，这体现了一种基本的社会价值判断。我喜欢生活在一个“讲道理”的社会里，不管这是不是一种奢望，我始终坚信，一个社会只有“讲道理”才是健康、安全的。很羡慕那12位陪审员生活的那个时代、那个社会（虽然是戏剧，是一种虚拟），我想那些痛苦地作出正确决定的人应该知道，就是这样的痛苦保证他们能够好好地活在这个世界上，可以安全地去仇恨、去诅咒。

17 挽歌的迷思

——关于《老炮儿》的感想

电影《老炮儿》公映以来，好评如潮，观影者多有为之“老泪纵横”者。我也看了，从单纯观影的角度来说，真的不错。中国电影一旦从玩观念、玩个性退回到好好讲现实主义的故事上，其实都不赖。例如《白日焰火》《师父》和《老炮儿》，电影语言比较平实，追求故事叙述的流畅性，效果不错。尤其值得称道的是冯小刚的表演，他与儿子对饮的那段戏中的流泪，让每一个做父亲的内心都翻腾不已。挚爱亲情是其中最动人的篇章。

关于《老炮儿》，网上有一个文案写得不错：老北京流氓最后的尊严。但是也不完全对，因为“老北京”是一个模糊的概念，这里所指的应该是20世纪70年代那一拨，是穿着军大衣、骑着28寸自行车、随手拍砖、结帮打群架的一伙儿。在北京，尤其以部队大院的为甚。但是不管是哪一拨儿，其中对于一个时代的消逝的叹惋是显而易见的。在剧中，那个年代是一个讲“规矩”的年代，是一个讲“理”的年代，是一个“仗义”的年代，是一个有着“血性”的年代，但是那样的年代现在一去不返了。冯小刚扮演的刘学军，手执日本武士刀，大吼着奋力向前的情景，让我很自然地联想到那部著名的电影《最后的武士》。在剧中，汤姆·克鲁斯在樱花飘飞的背景中，手执武士刀奋力向前，悲壮而令人感伤。在《老炮儿》整部戏的台词中，除了“规矩”和“理”之外，“憋屈”一词也是经常出现的，而这一切都在最后的迸发中释放了。一定要注意，在剧中，“刘学军们”经历了那么多年的风雨沉浮，已经自觉地将自己归为“小老百姓”了。他们的憋屈，其实有两个层面：一方面是社会底层百姓所经历的种种社会不公的憋屈；另一方面则是曾经飞扬跋扈之后的落寞。

不过，我更想“掰饬”的是“理”。我们不能够忘记，我们这个民族曾经是有“规矩”的，也是可以讲“理”的，甚至是崇尚义气的。究竟是谁破坏了这样的“规矩”？经历过那段时期的人们应该十分清楚，现实生活中的“刘学军们”，恰恰不是这些规矩的坚守者，而是曾经的破坏者。霸凌当时的小老百姓的，不正是那些身穿将校呢子大衣、手持日本军刀的“六哥们”吗？中国宗法制的社会规约，是在几十年的“折腾”中逐渐消失殆尽的。“刘学军们”今天所坚守的东西，恰恰是他们当初肆意破坏的东西。他们只是在自己逐渐沦落为小老百姓之后，才渐渐发现，这才是他们赢得作为人的尊严的必由之路。

如果说得再深入一点，“刘学军们”所坚守的义气和规矩，并不是现代社会的公共道德和规范，而是氏族或者帮派内部的公约和规矩，它并不足以支撑整个社会的良性发展。要知道，聚义厅上的好汉又何尝懂得“人人生而平等”的道理呢？“刘学军们”与“谭小飞们”之间的争斗，只是破坏社会规则的权力的争夺而已，是已经失势一方的奋力反击。它之所以赢得大家的称赞，只是因为被反击的一方正被全民痛恨，而大家正普遍感到“憋屈”。所以，不论是谁的发奋一击，都会让人感到痛快淋漓。

从王朔的“痞”到管虎的“炮”，从肆意酣畅到嬉戏玩乐，再到憋屈反抗，顽主们有着自己的愤懑与感伤。他们被社会的洪流裹挟着浑浑噩噩地向前，偶尔被前面的礁石阻挡，激发起曾经年少轻狂时的浪花，以一种伪英雄主义的悲壮击碎在礁石上，然后又汇入一汤泥水，乱七八糟地向前、向前……